過ごし方で差がつく 学年別

冬休みの過ごし方

冬休みは、高校受験直前の中3はもちろん、中1、中2のみなさんにとっても大きな意味を持つ期間です。早稲田アカデミー・高校受験部門統括責任者の酒井和寿先生のアドバイスをもとに、冬休みをうまく使って、高校受験や3学期に備えましょう。

早稲田アカデミー
高校受験部門統括責任者
酒井和寿先生

Success15 fifteen

サクセス15
January 2015

1

http://success.waseda-ac.net/

CONTENTS

高校受験まであと少し 体調管理に気をつけて 限られた時間を有効に

中3

受験生としての覚悟を決める

クリスマスやお正月など、楽しいイベントが多い冬休みですが、冬休みが終わるとすぐに受験です。中3のみなさんにとって今年はいつもの年末年始とは違いますから、冬休みを迎えるにあたって受験に対する覚悟を決めることが大切です。

一般的に冬休み前には受験校が決定し、中学校の先生に調査書の記入をお願いするので、冬休みには受験する学校がすべて決まっているはずです。多くの場合、1校だけでなく、チャレンジ校、実力相応校、おさえの学校と複数の学校を受験します。その場合、チャレンジ校であっても「絶対に合格する」という強い気持ちを持ってください。不安になることもあるでしょうが、受験まであと1、2カ月。まだやれることはあるのだと前向きに考えましょう。

事務的な準備は早めに終わらせる

冬休みは勉強はもちろんですが、願書などの事務的な準備もしておきましょう。出願に必要な書類をそろえる、出願期間を確認する、願書に必要な写真を用意するなど、できることは早めに終わらせておくと安心です。学校によって、願書に受験生本人が記入する欄、保護者が記入する欄が設けられていたり、写真の枚数も違ったりします。例えば、受験校が5校の場合、準備も5校ぶんになり、学校ごとに確認しながら進めるので、思ったよりも時間がかかります。新学期が始まると勉強の最終調整で忙しくなりますから、落ち着いて準備するためにも冬休みの間に済ませておくといいでしょう。

規則正しく健康的な生活習慣

残り期間に少しでも多く勉強したいと考えて、深夜まで勉強することが多くなる人もいるでしょう。しかし、入試は朝の8～9時から行われるので、身体を朝型にしておかなければ、入試本番で実力を発揮することはできません。夜型の人は冬休み中に朝型に変えておくようにしましょう。学校があるときと同じ時間に起床、就寝し、睡眠時間は1日6～8時間が理想です。この時期に体調を崩してしまっては大変ですので、健康管理にも気を配りましょう。

体調を崩してしまうと治るまでに

時間がかかり、勉強の計画も狂ってしまいます。また、どんなに成績がよくても入試本番の日に風邪をひいてしまっては実力を出しきることはできません。そうならないためにもうがいや手洗いを習慣にして、外出するときは暖かい格好でマスクをするなどしましょう。健康維持のためには、バランスのとれた食事をとり、乾燥する季節ですので水分補給もしっかりとしてください。受験には学力に加えて、体力・気力がそろっていることが不可欠です。

限られた時間を有効に使う計画の立て方

冬休みといっても塾に通ったり、家族の恒例行事があったり、受験勉強そのものにあてられる時間は思ったよりも少ないことも考えられます。そのなかでしっかりと学力を伸ばすために、いつまでになにをどこまでやるべきかを具体的に項目で書き出し、そのなかで優先順位をつけて、やり遂げたら消すという方法が効果的です。目標を整理でき、書き出した項目をどれだけ達成できたかもはっきりとわかります。最終的にどれだけやり遂げられたかが大きなポイントとなります。

計画を実行するにあたって、実際よりも少し早い冬休み明けに第1志望の入試があるとイメージしてみてください。そうすることで、時間をムダにすることなく集中して受験勉強に取り組むことができます。もし、冬休み中にやり残した項目や克服できなかった苦手分野がある場合も、まだ最後の調整を行う時間が残っています。

分析とスキマ時間でライバルに差をつける

冬休みの初めには、まず教材を整理整頓しておきましょう。自分の持っているすべての教材を復習することは時間的に難しいので、受験までに自分が使う参考書や問題集がどれなのかをまとめておくといいでしょう。

この時期は、過去問などの演習に時間をかけることが多くなります。過去問演習では得点に左右されるのではなく、自分の失点した箇所や学校ごとの出題傾向をきちんと分析しておきましょう。しかし、1人で過去問を解いていると実際に合格ラインに届いているか正しく判断ができず、1人でできた気になってしまっていることもあるかもしれません。冬期講習など自分の立ち位置を相対的に判断できる環境も大切です。

スキマ時間を有効に使うことも重要です。単語帳などの暗記物はコンパクトなサイズのものをポケットやカバンに入れて持ち歩き、うまく活用しましょう。

受験はある意味競争です。同じ高校をめざすほかの受験生に勝つためには、いままでに学習した知識をどれだけアウトプットできるかがポイントになります。

メンタルアドバイス

努力は人生の糧になる 最後まで諦めずに!

入試本番が近づくと過去問の点数に一喜一憂したり、不安や焦りを感じて精神的に不安定になることもあるでしょう。しかし、そこで志望校のレベルを下げてしまうことはおすすめしません。一度ダメだと下を向いてしまうと、その気持ちのまま受験本番を迎えてしまいます。

また、不安が先に立って友人と同じ講習に通ったり、入試当日も待ち合わせていっしょに行ったりする人がいますが、受験はあくまで自分の問題です。本番の試験では、だれの助けも借りずに自分１人の力でさまざまな場面を乗りきらなければならないという意識を持ちましょう。

ネガティブになってしまったときは、過去の頑張ってきた自分を振り返り、ここまで勉強してきた自分を肯定することが大切です。出願した学校には「絶対合格する」という強い気持ちを持って最後まで勉強に取り組みましょう。

高校受験はみなさんの人生における分岐点であることは間違いありません。しかし万が一、残念な結果になったとしても、それまでの努力は決してムダにはなりません。努力はみなさんの財産であり、これからの長い人生を生きていくうえで必ず役に立ちます。気持ちを奮い立たせて最後まで諦めることなく頑張りましょう。

教科別 POINT

ここでは各教科ごとに冬休みに取り組むべきポイントをあげていきます。

国語

苦手な人ほど率先して取り組もう

苦手意識があると、国語の過去問演習をあと回しにしがちですが、意識して問題を多く解くようにしましょう。多数の問題をこなし経験を積むことで、読める・解ける問題の幅も広がります。漢字や慣用句などの知識問題は、冬休み中に少しずつでいいので毎日コツコツ覚えて得点源にすることができます。

また、古文が苦手な人も多いのではないでしょうか。出題される学校を受験するならばしっかりと対策をする必要があります。高校入試における古文は、助動詞の識別や係り結びの法則など、じつは問題にされるポイントがかなり限られているので、過去問なども参考に、そういう部分に絞って勉強することで点数が伸びていきます。

英語

失点ポイントは冬休み中に

英語が得意で、さらに点数を伸ばしたい人は、これまでの模試や過去問演習を振り返り、失点しやすかった問題を分析してみてください。そうすれば点を取りきれていない箇所がわかるようになるはずです。冬休み中に、その部分を徹底的につぶすようにしましょう。

長文読解やリスニングは苦手になりやすい分野です。過去問で長文が読めないと感じられる場合は、その学校に見合う単語力が足りていないかもしれません。苦手意識があるのであれば、単語や熟語にもう一度注力してみましょう。リスニングが苦手な人は、まずは単語を正確に発音してみましょう。発音できない単語は聞きとることができないからです。

数学

取りこぼしをなくそう

どの教科にも共通していますが、とくに数学に関しては、過去問演習のあとの分析と復習をしっかり行いましょう。どこで間違えたのかを自分で把握し、さらに、わからなかった問題をそのままにせず、解説を読んで次回以降につなげなければいけません。どうしてもわからなければ塾や学校の先生に質問しましょう。そして、できるようになるまで繰り返すことが大切です。

加えて、数学が苦手な人は、過去問演習を通して、とにかく取りこぼしがないように意識することが肝心です。最初の計算問題をミスしない、大問のなかの１問目は必ず解答するなど、少しずつでも得点を積み重ねていくことを過去問演習で意識づけていきましょう。

理科

一問一答で知識量を増やす

得意な人はどんどん過去問をこなしましょう。よりレベルの高い学校の問題を解くことで、考え方や視点を養うことができます。公立志望の場合は国立の問題を、国立志望の場合は関西の私立の問題にチャレンジしてみるのもいいでしょう。レベルをあげたことで解けない問題が出てきた場合には、きちんと解説を読み、理解することが大切です。

苦手な人はこれまでの勉強量が足りていない可能性があります。国公立には必ず理科が必要ですから、まずは社会同様一問一答式の問題からスタートし、基礎的な知識を増やしましょう。基礎的な知識がついてきたら、過去問で大問に取り組んでいきましょう。

社会

数をこなせば必ず力がつく

点数が伸びない人は基礎的な知識が不足していることが考えられますので、一問一答式の問題集を使い、基礎知識を身につけましょう。過去問演習は集中的に行うのが効果的です。苦手な人も、５年ぶん解くとその学校の傾向やパターンが見えてくるものです。社会は数をこなすことで必ず力がついてくる科目です。

現段階で社会が得意で、もっと点数を伸ばしたいという人は、より難度の高い学校の過去問を解きましょう。公立志望の人は、国立高専の過去問がおすすめです。公立の問題に形式が似ており、かつ国立ほど難しくはないからです。また、国立志望の場合は関西の私立の過去問に取り組んでみましょう。

中2

ここを重点的に勉強！	
国語	読解問題、口語文法、古典の演習
数学	一次関数、平面図形
英語	不定詞、動名詞、比較
社会	世界地理
理科	動物の知識、電流、化学変化の計算、実験手順

もうすぐ受験学年 気持ちの切り替えを

受験学年になる意識を持つ

冬休みが明けるとすぐに進級の時期がやってきます。3年間の中学校生活の折り返し地点はとっくに過ぎているのです。受験学年になるというしっかりとした意識を持つことが肝心です。そのうえで、この年末年始は各教科の理解度の確認をしましょう。受験まであと1年のこの時期に苦手を克服しておくことが、中3のスムーズな勉強につながります。

中学に入ったばかりのころは、体力的にきついときもあったと思いますが、中2になるとその生活にも慣れ、体力もついています。しかし、だからといって夜遅くまでテレビやゲームに夢中になってしまってはいけません。体調管理にも気をつけて規則正しい生活を送りましょう。

現在の状況を把握する

受験に向けて気持ちを切り替えていく中2の冬休みは、いま通っている塾の通塾日数や勉強法が、自分の志望する学校のレベルにあっているのかをチェックします。冬期講習を受講するにあたって、その塾が受験に必要なことを考えてくれるかどうか、また個人塾を利用している場合は、講師が受験に必要なノウハウや知識を十分に持っているのかどうかも大切なポイントです。

そして、力を入れていく教科についても考える時期です。例えば、早慶の附属など難関私立高校を第1志望にする場合、3教科の受験になるので、社会・理科の勉強は必要ありません。しかし、国公立の学校も受験する場合は、5教科の勉強が必要になります。

必要な教科、レベル、通塾頻度、正確な進路指導など、現在の環境をもう一度考えてみてください。

年末年始の計画を立てよう

家族全体で出かけたり、親戚が家にあいさつに来たりと、中1・中2に限らず年末年始は忙しい時期です。そのなかでどれだけ勉強する時間を確保できるか、計画を立ててみましょう。

どうやって計画を立てればいいかわからないという人は、まず今日1日なにをしていたのかを書き出してみてください。そ

中1

ここを重点的に勉強！	
国語	読解問題、口語文法、古典
数学	計算の徹底、比例・反比例
英語	疑問詞と疑問文
社会	地理での統計資料と知識
理科	音と光、実験手順、図版、植物の知識

この1年を振り返り 生活リズムは早めに改善

多角的に自分を振り返る

中1のみなさんは、中学に入学した4月から今日までの自分を、この時期にさまざまな観点から振り返ってみることが大切です。

例えば、学習面では定期テストの結果、教科ごとにつまずいている部分はないのかなど、過去の自分を思い出してみましょう。まだ単元内容が大幅に進んでいない、いまのうちにしっかりと復習して得意科目を作っておくことが必要です。

生活面では、小学校のときと比べると部活動もあり、生活のスタイルが大きく変わっています。定期テストのために夜遅くまで勉強したりと、生活のリズムも崩れがちな傾向があります。夜更かしから睡眠不足になり、翌日は眠気が抜けず一日中身体に力が入らないといったことにならないように、この時期に生活習慣を見直しておきましょう。

受験を見据えた教科選択

みなさんもご存じの通り、首都圏では人気私立大学附属高校の入試が国語・数学・英語で実施されるので、3教科を中心とした勉強をしている人が多いです。しかし、全国の都道府県の私立・国公立のトップ校のほとんどは5教科受験であり、首都圏が特殊なのです。

中1の段階では、塾で1教科のみ勉強している人もいるかもしれません。しかし、これからは受験に向けて教科を選んでいかなければなりません。

5教科入試を行っている公立校や国立附属校への受験の可能性を広げるために、3教科に加えて社会・理科の勉強も考えるようにしましょう。より高いレベルで受験を見据えることが大切です。

うすることで、どの教科にどのくらい時間がかかっていたのかが見えてきます。その結果が、今後計画を立てていく目安になります。

しかし、計画を立てたことで満足し、計画倒れになっては意味がありません。計画を立てることが目的ではなく、それを実行に移すことが本来の目的です。

計画に沿った有意義な年末年始を過ごしてください。

願いよ届け！

パワースポットで合格祈願

受験を間近に控え、落ち着かない日々を過ごしているそこのあなた!
合格祈願を兼ねて、パワースポットを訪れてみませんか?
今回は最寄り駅から徒歩圏内の、立ち寄りやすいスポットばかりを紹介していますので、
勉強の息抜きにエネルギーをチャージしに行くのもおすすめですよ。

亀《かめ》戸《いど》天《てん》神《じん》社《じゃ》

東京都江東区亀戸3-6-1
03-3681-0010
JR総武線「亀戸駅」徒歩15分、JR総武線・地下鉄半蔵門線「錦糸町駅」徒歩15分

合格祈願といえば、学問の神様と言われる菅原道真を祀《まつ》る「天神さま」が有名だ。なかでも亀戸天神社は、梅や藤の花の名所としても名高い。鳥居（A）をくぐると表れる心《しん》字《じ》池《いけ》と、そこにかかる太鼓橋（D、半円のアーチ型をした橋）が特徴で、赤く塗られた橋の欄干《らんかん》が目に鮮やかだ。水をたたえた心字池は周りを囲むように藤棚が整えられており（E）、参道となる橋の向こうに本殿の姿が見え（B、C）、その静かで神秘的な雰囲気に気持ちも改まるはず。「合格して、春の藤の花の季節にまた報告に来られますように！」そんな目標を立ててみるのもいいかもしれない。

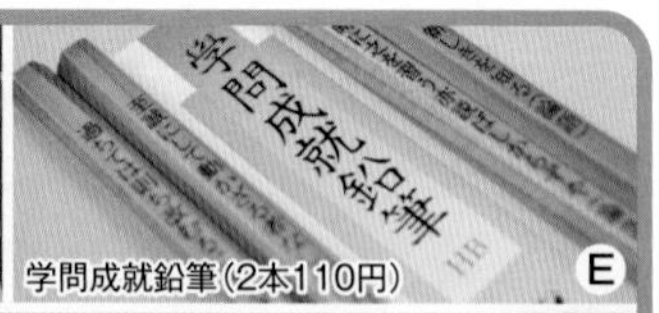

学問成就鉛筆(2本110円)

湯《ゆ》島《しま》聖《せい》堂《どう》

東京都文京区湯島1-4-25
03-3251-4606
地下鉄丸の内線「御茶ノ水駅」徒歩1分、JR中央線・総武線「御茶ノ水駅」・地下鉄千代田線「新御茶ノ水駅」徒歩2分

湯島聖堂は徳川綱吉によって建てられた儒学の創始者・孔子を祀る霊廟《れいびょう》で、「日本教育発祥の地」として広く知られている受験生に人気のスポット。仰高門《ぎょうこうもん》（A）からなかへ入ると、まず驚くのは木々の多さ。緑に囲まれた聖堂内の空気は清々しく、リフレッシュにも最適だ。高さ4.57m、重量約1.5tの風格漂う孔子の銅像（B）は世界最大の大きさを誇り、受験生の思いが詰まった大量の絵馬（C）もある。孔子が祀られている大成殿（D）は、土・日・祝日は内部が公開されているぞ。論語や孟子の言葉が書かれた学問成就鉛筆（E）を手に入れれば勉強もはかどるかも!?

A

B

C

D

松陰神社《しょういんじんじゃ》

東京都世田谷区若林4-35-1
03-3421-4834
東急世田谷線「松蔭神社前駅」徒歩3分

世田谷区にある松陰神社は、歴史の教科書でもお馴染みの幕末の志士・吉田松陰を祀っている神社だ（A、B）。吉田松陰といえば、高杉晋作・伊藤博文・山縣有朋など、明治維新で活躍した人物を輩出した松下村塾が有名だね。身分や階級の隔てなく塾生を受け入れた姿勢や、短期間で歴史に名を残す多くの逸材を育成した功績から、いまでは学問の神様として多くの人々の崇敬を集めているんだ。境内には吉田松陰のお墓（C）や松下村塾の模築（D）などもあるので、歴史の勉強にもなりそうだ。参拝をきっかけに、幾多の困難にも強い志で臨んだ松陰の生き様に思いを馳せてみよう。

A

B

C

D

上野大仏《うえのだいぶつ》

東京都台東区上野公園・池之端3
03-3828-5644（上野恩賜公園管理事務局）
JR線・地下鉄銀座線・地下鉄日比谷線「上野駅」徒歩5分

上野公園内にある上野大仏は、なんと、顔だけしかない（A、B、D）。1631年に高さ約6mの座像として建立され、地震や火災などで何度も被害を受け、そのたびに再建をくり返してきた上野大仏だが、関東大震災のときについに頭が落下してしまった。その後太平洋戦争で顔以外の部分が軍需金属資源として供給され、現在の顔だけの姿になったんだ。不運な歴史を持つ上野大仏だけど、「これ以上落ちない」ということで、いまでは受験生の合格祈願スポットとして注目を集めている。大きな大仏の顔を間近に見て祈願できる珍しさも魅力的だ。絵馬やお守りなども販売されているよ（C）。

A

B

C

D

E

F

北野神社《きたのじんじゃ》

東京都文京区春日1-5-2
03-3812-1862
地下鉄丸ノ内線・南北線「後楽園駅」、都営三田線・大江戸線「春日駅」、JR線ほか「飯田橋駅」徒歩10分

菅原道真を祀っている北野神社（A、B）には、なでると願いをかなえてくれる「ねがい牛」（C）という「撫《な》で岩」がある。源頼朝がこの地で休んでいたとき、夢で牛に乗った菅原道真に出会い、願いがかなうと告げられ、後日その通りになったことから祀られるようになったそう。取材日は菊わらべ祭りが開催中で、あちこちに花々が飾られていたよ（D）。牛の形をしたおみくじ結びどころ（E）もかわいらしく、樹齢100年を超える木斛《もっこく》（F）にも願いをかなえてくれる言い伝えがある。境内には、芸能上達・開運招福の御利益がある太田神社・高木神社もあるよ。

鼠《ねずみ》小《こ》僧《ぞう》の墓《はか》

東京都墨田区両国2-8-10
03-3634-7776（回向院）
JR総武線「両国駅」徒歩3分

江戸時代の有名な大泥棒、鼠小僧の墓。何度も捜査の手をかいくぐり捕まらなかったことから、「するりと入れる」ご利益があるとして受験生に人気だ。江戸時代から、その強運にあやかろうと墓石を削って持ち帰る風習がある。

湯《ゆ》島《しま》天《てん》神《じん》

東京都文京区湯島3-30-1
03-3836-0753
地下鉄千代田線「湯島駅」徒歩2分

学業守（800円）

山のようにかけられた絵馬を見てもわかるように、受験生に高い人気を誇る神社の1つ。お守りや鉛筆などの合格祈願グッズが充実している。近辺には湯島聖堂や神田明神もあるので、あわせて訪れてみるのもいいね。

深《ふか》川《がわ》不《ふ》動《どう》堂《どう》

東京都江東区富岡1-17-13
03-3641-8288
地下鉄東西線「門前仲町駅」徒歩2分

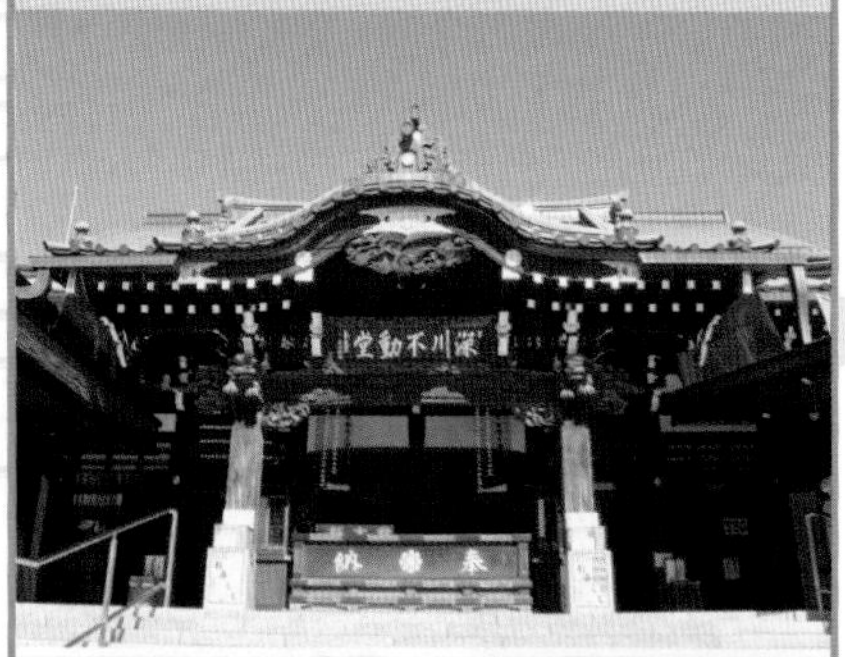

合格通貨（300円）

優れた知恵を持っていた智童大師（真言宗・興教大師の幼少の姿）が祀られている。「通貨」と「通過」をかけたユニークな合格通貨も人気だ。願いごとを書いた御札を水に浮かべると、願いが届けられるという深川龍神の水鉢もあるよ。

飛《とび》不《ふ》動《どう》尊《そん》

東京都台東区竜泉3-11-11
03-3872-3311
地下鉄日比谷線「三ノ輪駅」徒歩10分

飛行護(600円)

奈良の大峯山から江戸までを一晩で飛び、人々の願いをかなえたという言い伝えがある御不動様。航空安全や旅行安泰を祈願する人々に人気の「飛行護」は、「飛ぶ」=「落ちない」という意味から、受験生にも人気のお守りだよ。

大《おお》宮《みや》氷《ひ》川《かわ》神《じん》社《じゃ》

埼玉県さいたま市大宮区高鼻町1-407
048-641-0137
JR線「大宮駅」・東武線「北大宮駅」徒歩15分

初詣参拝者数が全国ベスト10に入る、氷川神社の総本社。広々とした境内には、本殿のほかにも13の摂社・末社があり、各々で異なる御利益がある。さいたま新都心駅付近から続く2kmの氷川参道も爽やかなパワーを感じられておすすめ。

小《お》野《の》照《てる》崎《さき》神《じん》社《じゃ》

東京都台東区下谷2-13-14
03-3872-5514
地下鉄日比谷線「入谷駅」徒歩3分

合格御守（800円）

知識人として名を馳せた平安時代の歌人・小野篁《おののたかむら》と学問の神様・菅原道真をダブルでお参りできる学業成就祈願にぴったりな小野照崎神社。あまり広くはないが、境内の木々に守られているような静かな雰囲気が心地良い。

東大手帖 ～東大生の楽しい毎日～

現役東大生が東大での日々と受験に役立つ勉強のコツをお伝えします。

受験直前期を有意義に過ごすポイント

Vol.10

text by 一(イチ)

一般的に1月から2月にかけて行われる高校入試。3年生に残された時間はあとわずかです。今回は、これまで頑張ってきた3年生が悔しい思いをしないために受験直前期の過ごし方を提案します。おもな対象は3年生ですが、1・2年生も今後必ず通る道。「関係ないや」と思わず、今後の参考にしてくださいね。

はっきり言います。もし「これからめちゃくちゃ勉強して、成績を挽回するぞ！」という考えを持っている人がいたら、それは諦めてください。じっくり苦手教科などに取り組める時間のあった夏休み、内申点を稼ぐチャンスがたくさんあった2年生以前でしたら、その気持ちはとても大切です。しかし、受験直前期には過去問演習に時間を割く必要があるため、苦手教科を克服する十分な時間はありませんし、内申点の変動も見込めません。また、これまで勉強をサボってきた人も直前期にはさすがに勉強をし始めるため、勉強量による差はつきにくいのが実情です。

この時期に大事なのは「いまの自分の実力に真摯《しんし》に向きあうこと」です。いまの偏差値よりかなり高い偏差値の高校を志望している人は、志望校を考え直してみましょう。一方、「ラクに合格できそう」な高校を第1志望にしている人は、より上をめざすのもいいと思います。私は塾講師のアルバイトをしていたときに、多くの高校受験生を見てきました。12月時点で偏差値65の生徒は、偏差値65前後の高校に合格しましたし、偏差値55の生徒もやはり、偏差値55前後の高校に合格しました。このように受験直前期は「成績をあげる期間」ではなく、「実力相応の志望校に落ちないよう、万全を尽くす期間」だと考えましょう。

みなさんは、以前述べた過去問対策の話を覚えていますか？　過去問は可能なら第1志望は10年ぶん、第2志望以下も少なくとも5年ぶんは解きたいです。学校ごとに問題の傾向（A高校はこういう問題がよく出るなど）があるので、10年ぶんも解けば本番でも見たことのある問題に遭遇する可能性が高まります。

そのときに気をつけることは「解いて終わりにしない」こと。解いたあとは、答え合わせをして点数を出し、必ず見直しをしましょう。点数が悪いとがっかりしますが、その後十分に見直しをすれば、同じ問題では間違えません。「あのとき間違えておいてよかった」と本番で思えるよう、見直しは絶対に行いましょう。

また、焦ってむやみに手を広げないことも大切です。この時期になると受験への不安から自信を失い、新しい問題集を始めたりする人がいます。しかし、いまの偏差値相応の高校を受けるぶんには、学力はすでに十分備わっているはずです。直前期に大事なのは「備わっているはず」の学力に「漏れ」がないかを探すこと。焦らず腰を据えて、これまで取り組んできた参考書や問題集を繰り返し解いたり、点数に直結する過去問対策を行うことに時間を割きましょう。

そして、勉強は継続が大事だという点も忘れずに。1日に20時間勉強するより、1日30分の勉強を40日間続ける方が圧倒的に学力が身につくという説もあります。逆に言えば、1日触れないだけで、勉強の効果は大きく下がります。塾や試験でどんなに忙しくても、毎日少しずつでもいいので全教科に触れましょう。そのためには早寝早起き、体調管理にも気をつけて。

ここまで十分に勉強してきたでしょうから、自信を持って、残り数カ月、焦らずじっくり自分の現状や弱点に向きあっていきましょう。応援しています。

慶應義塾湘南藤沢高等部

KEIO SHONAN FUJISAWA SENIOR HIGH SCHOOL

神奈川県　藤沢市　共学校

知性・感性・体力を磨き 社会に貢献できる教養人を育成

慶應義塾湘南藤沢高等部は、慶應義塾のなかで唯一の男女共学制の中高一貫教育校として、1992年（平成４年）に開校されました。神奈川県藤沢市遠藤地区にある広大なキャンパスを舞台に、特色ある授業や海外留学プログラムが実施され、社会に貢献するために積極的に行動できる人材が育まれています。

会田《あいだ》 一雄《かずお》 部長

慶應義塾のなかで唯一の中高一貫教育校

慶應義塾が神奈川県藤沢市遠藤地区に新たなキャンパスを設立したのは1990年（平成2年）。その2年後の1992年（平成4年）に、慶應義塾のなかで最も新しい中学校・高等学校として、男女共学の慶應義塾湘南藤沢中等部と高等部（以下、慶應湘南藤沢）が開校しました。慶應義塾のなかで唯一の中高一貫教育校という特徴があります。

慶應義塾では「指導者教育」ではなく、「先導者教育」という言葉が使われています。これは、社会のリーダーを養成するために、個性を尊

重する塾風を活かし、生徒1人ひとりが自分の好きなことや得意なことに打ち込んだ結果、自然とさまざまな分野においてリーダーが育まれるという慶應義塾ならではの伝統を表しています。

会田一雄部長は「こうした慶應義塾の教育は『同一のなかの多様』という言葉で表されています。多様性を重視していることは、本校が高等部で対象者を異にした入試を実施している部分にも表れています。目標とするのは、福澤諭吉の精神に基づき、情操豊かで、想像力に富み、思いやりが深く、広い視野に立って物事を判断し、社会に貢献するために積極的に行動する人、『社会的責任を自覚し、知性、感性、体力にバランスのとれた教養人の育成』のための一貫教育です。多様性を活かし、各自の個性を伸ばすことで、将来社会に貢献する人材を育成します」と話されました。

受験勉強に縛られず余裕をもって学習できる

慶應湘南藤沢は2学期制です。これについて会田部長は「ある程度長いスパンでゆったりと学習に励めるように、前期と後期に分ける2学期制を採用しています。また、成績は細切れに評価するのではなく、1年の終わりまで生徒の成長を見つめ、修得できているかを判断します。前期の終わりにも成績をつけますが、あくまで中間時点の評価という位置づけです。これは、一般的な学校とは違う本校独自のスタイルです」と説明されました。

慶應湘南藤沢では、中等部1年生から高等部3年生を1～6年生と呼んでいます。中等部には160名が入学し、高等部には、慶應湘南藤沢中等部の生徒に加え、慶應義塾中等部（東京・共学校）と慶應義塾普通部（神奈川・男子校）からも数名進学してきます。さらに、帰国生や日本全国からの入学者など80名が入学します。内進生と外部からの新入生は入学時から混合のクラス編成となり、切磋琢磨しながら成長することができます。カリキュラムは、4・5年次（高1・高2）が共通履修で、6年次（高3）に文系科目を主体とするⅠ類と理系科目を主体とするⅡ類に分かれます。

「高等部卒業者は原則として全員が慶應義塾大学のいずれかの学部に推薦入学ができますので、受験勉強に縛られることはありません。通常の授業でも、生徒が自分で考え自ら学習していくというスタイルが多く、伸びのびと勉強に取り組むことができます。法学部に行きたいが理系の勉強も好きでⅡ類を選択するという生徒もいます。進路に縛られず自分の好きな分野を伸ばせる学校です。また、各クラスに担任教員が2名ずついる2人担任制をとっています。相談ごとなどがある場合、状況に応じて異なる担任にアプローチができますし、人によって違う視点があるということを学ぶのにもいいと思います。」（会田部長）

教養力を身につける工夫された授業の数々

特色ある授業として「ゆとりの時間」があります。これは、1～5年生を対象にしたもので、前期の月曜

施設

中・高等部の施設は、慶應義塾大学湘南藤沢キャンパスの広大な敷地内にあります。緑の多い環境と充実の設備が魅力です。

緑に囲まれたキャンパス

共用棟

AVC教室

近代的な校舎

図書室

修学旅行

秋に実施される修学旅行は、学年ごとに行き先が変わり、高等部は、4年では北陸、5年では奈良・京都、6年では北海道へ行きます。

文化祭

創作的な内容が特色の文化祭。校内の装飾から展示や企画にいたるまで生徒たちの手作りにより仕上げられています。

日、14時20分～15時40分までの時間に実施される特別授業です。

「学年を超えて自由に選択できる講座」や「高大連携の講座」などさまざまな内容の授業が設けられています。例えば、２０１４年度（平成26年度）には、「句会をしよう」「陶芸入門」「コラムを書く」「力学実験」「英語発音講座」など約40講座が用意されました。

『ゆとりの授業』とは、教科書の学習内容とは異なるもので、生徒が自主的に取り組める多彩な講座を提供している本校独自の授業です。英語が苦手な生徒のフォローアップを目的とした講座を設けたり、逆に英語が得意な生徒にはディベートを行う講座でさらに実力を磨きあげるなど、楽しみながら学力を伸ばす場として機能しています。」（会田部長）

また、6年生のⅠ類選択者は「論文実習」に取り組みます。これは、生徒が自分で興味・関心のあるテーマをそれぞれ設定し、資料検索・調査・分析・考察を通して結論を導き出す授業です。自分の力で学ぶ楽しさと醍醐味を体験できます。

英語の授業にも特色があります。学年全体をレベル別に大きく2つに分け、少人数クラスでそれぞれのレベルに合った指導が受けられるようになっています。プレゼンテーションやスピーチ、ディベート、エッセイライティングなど多様な課題が用意され、6年生では、Model United Nations（模擬国連）やEnglish Drama（英語劇）なども経験し、英語の表現力をさらに育みます。各学年にはネイティブスピーカーの担任が配置され、帰国生が全生徒の約25％を占めていることから、普段から生徒が英語を使う機会にも恵まれています。

充実の海外留学プログラム 新たな留学制度も開始

海外留学のプログラムも充実しています。慶應湘南藤沢中高生のみの留学プログラムと「三田国際（慶應義塾三田国際文化交流協会）」の留学プログラムの2種類があります。「三田国際」のプログラムは、ニューヨーク学院を除いた慶應義塾の高等学校から参加者が募集されます。

「本校のプログラムでは、6カ国11校という多くの学校と協定を結び、年間を通して短期交換留学が実施されています。本校からの生徒は1～4週間現地でホームステイしながら語学研修や異文化体験をします。また、海外からの留学生が生徒の自宅にホームステイし、本校に通うこと行事やクラブ活動、国際交流などを通して豊かな感性を育み成長していきます。また、慶應義塾が一体となる機会が重視され、六大学野球の早慶戦応援にも参加できます。

入学式

早慶戦応援

国際交流

学校生活

クラブ活動

体育祭

もあります。本校にはもともとネイティブの教員や帰国生が多くいますから、そこに各国の交換留学生も加わり、校内は国際色豊かな学習環境があると言えます。

　また、慶應義塾では新たに「慶應義塾一貫教育校派遣留学制度」がスタートしました。これは、アメリカとイギリスの名門ボーディングスクール（寄宿学校）へ1年間派遣する長期留学制度で、2014年（平成26年）は全体で4名、本校からは男女1名ずつ選抜されています。さらに2015年（平成27年）からは、日本の高校の卒業資格とアメリカの高校の卒業資格を同時に取ることも可能な留学制度がスタートする予定です。」（会田部長）

　卒業生は原則として推薦により慶應義塾大学の全10学部に進学することができます。大学への進学指導は親身に行われ、各学部の説明会や模擬授業も実施され、きめ細かな対応がなされています。

　慶應義塾の伝統を深く宿しながら、未来を見据えて新しいリーダーを育成する慶應湘南藤沢。

　会田部長は「本校には、将来社会でリーダーとして活躍できるように、夢を持って色々なことにチャレンジできる生徒に入学してほしいですね。夢を持っていれば、努力することも苦ではなくなると思います。本校に来て、将来の夢を実現すべく多くの経験をしてください。私たちはこれからも『新しい先導者』の育成に努めてまいります」と締めくくられました。

School Data

所在地　神奈川県藤沢市遠藤5466

アクセス　小田急江ノ島線・相鉄いずみ野線・横浜市営地下鉄ブルーライン「湘南台駅」バス15分、JR東海道線「辻堂駅」バス25分

生徒数　男子369名、女子359名

TEL　0466-49-3585

URL　http://www.sfc-js.keio.ac.jp/

2学期制　週6日制　月～金6時限　土4時限　50分授業　1学年6クラス　1クラス約40名

2013年度（平成25年度）進学状況

慶應義塾大推薦入学内訳

学部名	入学者数
文学部	14
経済学部	56
法学部 法律学科	32
法学部 政治学科	32
商学部	14
医学部	7
理工学部	33
総合政策学部	12
環境情報学部	16
看護医療学部	3
薬学部 薬学科	4
薬学部 薬科学科	1
計	224

淑徳《しゅくとく》高等学校

School Data

所在地
東京都板橋区前野町5-14-1

生徒数
男子505名、女子626名

TEL
03-3969-7411

アクセス
東武東上線「ときわ台駅」徒歩13分またはスクールバス、都営三田線「志村三丁目駅」徒歩13分、JR線「赤羽駅」・西武池袋線「練馬高野台駅」スクールバス

URL
http://www.shukutoku.ed.jp/

３Ｌを持った有為な人間を育成

心の教育を大切に新たな歴史を刻む

１２０年以上の歴史を誇る淑徳高等学校は浄土宗の尼僧輪島聞声《もんじょう》先生によって創立されました。「あらゆる命を尊ぶ心・自分と同じく他者を愛する心・何者にも束縛されない自由な心」を意味する「ＬＩＦＥ・ＬＯＶＥ・ＬＩＢＥＲＴＹ」という3つのＬを教育理念としています。

３Ｌを育むために心の教育が大切にされています。年４回の仏教行事では講演会や演奏会が開かれ、独自の授業である「淑徳の時間」には仏教や学校の歴史を学びます。３年次の４月には、入試へ向けて改めて自分を見つめ直すための仏教研修が行われます。このようなプログラムを通じて、生徒は命の尊さや感謝の気持ちについて改めて考えることができ、豊かな人間性を身につけていくのです。

２０１３年（平成25年）に新校舎が完成した淑徳は、伝統的な教育を大切にしながらも、新たな歴史を刻み始めました。新校舎には、３つの理科実験室や５００人収容可能な講堂が備えられ、教室には可動式の黒板や映像教材に対応するためのプラズマテレビが設置されました。廊下やラウンジにテーブルやイスが置かれ、教員室前の壁はガラス黒板になっているので、生徒は教員に気軽に質問でき、個別に指導を受けられる環境が整えられています。生徒の意欲を高める新校舎により、淑徳への期待がさらに高まります。

課外プログラムと授業で確かな学力を

淑徳には東京大や国立大医学部など、最難関の大学をめざす「スーパー特進コース」、国公立大や早慶上智・ＭＡＲＣＨへの合格を目標とする「特進選抜コース」、カリキュラムに1年間の留学が組み込まれている「留学コース」の３つのコースが用意されています。

「スーパー特進コース」「特進選抜コース」は2年次に文系・理系に分かれます。「留学コース」は文系進学に対応しており、留学先は4カ国から選択が可能です。すべて週6日制で、「感動・驚き・発見」のある授業をモットーに、週35時間以上の授業時数が確保されています。

長期休暇中の講習、朝や放課後に開講されているゼミなどの課外プログラムも魅力です。基礎学力を定着させるものから応用力を育成するものまで、レベルに合わせて用意され、3年次の1月には入試直前対策講座も実施されています。

確実に学力を向上させる指導体制と伝統的な心の教育により、社会に貢献し活躍できる「有為な人間」を育てていく淑徳高等学校です。

和《わ》洋《よう》国府台《こうのだい》女子《じょし》高等学校

School Data

所在地
千葉県市川市国府台2-3-1

生徒数
女子のみ853名

TEL
047-371-1120

アクセス
京成本線「国府台駅」徒歩８分

URL
http://www.wayokonodai.ed.jp/

「和魂洋才」を基礎とした教育

和洋国府台女子高等学校は、建学の精神である「和魂洋才」に基づき、「和の学び」と「洋の学び」を取り入れながら、「国際的に活躍できる女性」、「活動分野に壁をつくらない女性」の育成をめざしています。

「和の学び」とは、礼法や邦楽（箏《そう》）などの学びをさします。校内の礼法室「春望亭」で行われるこれらの授業を通して、豊かな感性が育まれ、日本文化に対する深い理解も生まれます。一方、幅広い視野と国際性を身につけるための「洋の学び」としては、ネイティブ教員との英会話の授業や、オーストラリア語学研修、タイ文化研修などの国際交流プログラムが用意されています。

充実の英語・理数教育で多方面で活躍できる女性へ

普通科と、専門学科のファッションテクニクス科があり、普通科には特進コースと進学コースの2コースがあります。

普通科では、1人ひとりに目の行き届いた教育を行うため、どちらのコースとも1年生から英語・数学で少人数の習熟度別授業を展開しています。それに加えて特進コースでは、週2日の7時間授業、1年生から3年生まで全員が参加する勉強合宿などを行うことで、国公立大・難関私立大に合格できる学力を養成していきます。

ファッションテクニクス科は、実習を通して和裁・洋裁などの服飾技術を磨く専門学科で、総単位の3分の1が家庭科の授業、残りは普通科と同じカリキュラムです。恒例行事のファッションショーは、高3が3年間の集大成として、着用するドレスはもちろん、舞台構成や演出なども手がけます。

そんな和洋国府台女子では、4年制大学へ進む生徒がこの5年間で約3・5倍に飛躍しており、とくに理系や語学・国際系を選ぶ生徒が増加しています。

その背景には、英語と理数教育の充実があります。英語では、「英検2級に合格して卒業」という目標達成に向けて、早朝対策講座や模擬面接を実施したり、理科では、実験実習を中心とした実践的な授業が行われています。

また、過去20年ぶんの大学入試センター試験問題を閲覧できるシステムの完備や、独自に編集した「進学ガイダンス」の配布、年間を通じて進学説明会・進学オリエンテーションといった催しを実施するなど、万全の受験指導体制を整えたことも進学実績伸長の要因と言えます。

「和」と「洋」の学びで豊かな内面を育みながら、学力もしっかり伸ばすことができる学校、それが和洋国府台女子高等学校です。

三上《みかみ》 浩司《ひろし》 校長先生

千葉県立

千《ち》葉《ば》東《ひがし》高等学校

共学校

FOCUS ON 公立高校

1人ひとりに寄り添った教育で「夢をかたちに」できる学校

国公立大志望者の多さから、「教養の復興」と称したカリキュラムを編成する千葉県立千葉東高等学校。千葉大と近隣であるメリットを活かした高大連携教育や、千葉県内のユネスコスクールの代表格として取り組む国際理解教育など、さまざまな取り組みに力を入れています。

女子校としての歴史を持つ千葉県の進学指導重点校

千葉県立千葉東高等学校の歴史は、1941年（昭和16年）に千葉市立千葉高等女学校として開校されたところから始まります。その後、1950年（昭和25年）には県立移管によって男女共学制の千葉県立第三高等学校となり、1961年（昭和36年）に千葉県立千葉東高等学校という現在の名称になりました。これらの歴史を経て、2004年度（平成16年度）には進学指導重点校の指定を受けています。

学校目標の「グローバル社会でリーダーとして活躍できる人材の育成を目指す」を具体的に言い換えると、「高い学力を基盤とした豊かな人間性を育てること」、つまり、「生徒のよさを認め、主体性・積極性を伸ばす教育を推進し、生徒の悩みを親身に受け止め、1人ひとりを丁寧に育てること」だと三上浩司校長先生は説明されます。

「生徒たちには、本校の誇りは何事に対しても頑張る生徒たちそのものであるということ、そして、人間の存在は『在りつつ、在ろうとする』二重の存在だから、自分の足元をしっかり見つめ、やるべきことに一生懸命取り組んでほしい。そのうえで、このようになれるのではないか、あるいは、このようになりたい、という意識をつねに持っていてほしいということを伝えています。また、他者を尊重することと、思いやりの心を持つことも忘れないでほしいです。」（三上校長先生）

教養教育を基本とした カリキュラム編成

2学期制、単位制を導入する千葉東は、代々、生徒の国公立大志向が強く、現在の2年生も360名中340名が国公立大を志望しています。そのため、幅広い分野を学習する「教養の復興」を基本としたカリキュラムが組まれており、1・2年生までで、5教科7科目型の大学入試センター試験に対応できる力が身につけられるようになっています。

そして、3年生からは進路希望によって多様な選択ができるように選択科目を導入し、文類型・理類型にクラスが分かれていきます。理類型には2つの種類があり、受験で数学Ⅲを使う生徒向けのタイプと、数学Ⅲの代わりに総合数学βを履修するタイプがあります。また、文類型の生徒も総合数学αを履修するのも特徴的です。

「教員が生徒の質問に丁寧に応じるのが伝統ですので、廊下のあちこちに置かれた机の前でやりとりをする姿がよく見られます」と三上校長先生が話されるように、千葉東には熱意ある教員が多く在籍し、自主的に補講を開く教員もいるほどです。

少人数授業や習熟度別授業も一部科目で行われていますし、夏季休業中の講習のラインナップも充実しています。こうして日々の学習をサポートすることで、生徒は部活動にも全力で取り組むことができ、文武両道を実現することができるのです。

千葉大や他校と連携しながら 実践するさまざまな活動

千葉東の特色の1つが、千葉大との高大連携教育です。

まずあげられるのが、教師を志す

特徴的な取り組み

アメリカでのホームステイプログラム

オーストラリアでの語学研修プログラム

科学作品展入賞

SPP（サイエンス・パートナーシップ・プログラム）

ＯＢ講演会

スプリングセミナー

千葉大学教育学部基礎教養講座

千葉大と協力してＳＰＰを行ったり、生物部が千葉県科学作品展で特別賞を受賞したりと、理数教育も盛んな千葉東。そのほかにも国際交流や高大連携教育、独自の制度を活用したキャリア教育など、魅力的な取り組みが多々あります。

生徒等を対象にした、千葉大教育学部の教員による「基礎教養講座」です。4～7月の毎週土曜日に、毎回異なる教員が講義を行うもので、今年度は19名の生徒が参加しました。

千葉大生とともに千葉大の講義を受けられる制度、HOC（ハイスクールオンキャンパス）も魅力的です。「生徒たちは大学生といっしょに講義を受けることでずいぶん刺激を受けているようです。試験も大学生といっしょに受け、ほとんどの生徒が合格しています。」（三上校長先生）

また、SPP（サイエンス・パートナーシップ・プログラム）も実施しており、千葉大との連携のもと今年度は「現代素粒子物理学入門」というテーマで研究を行っています。

一方で、2012年度（平成24年度）からユネスコスクールに加盟している千葉東は、千葉県内に10校あるユネスコスクールのまとめ役として、国際理解教育にも積極的に取り組んでいます。

普段から、現代社会の問題にどう取り組んでいくかを題材に授業を展開しており、ユネスコ関係者を招いての講演会の開催、ESDパスポートの活用なども行っています。こうした活動の成果が実を結び、今年の11月に行われた「ユネスコスクール世界大会・高校生フォーラム」に千葉東を含む千葉県4校合同チームが関東代表として選出されました。

部活動

山岳部

茶華道部

マンドリン楽部

ソフトボール部

食物手芸部

ラグビー部

地学部

陸上競技部

2014年の山岳部は男女ともに県大会優勝、インターハイでも男子3位、女子7位の好成績を残しました。多数の部活動が熱心に活動しており、なかでも陸上競技部とマンドリン楽部は100名前後の部員が在籍する人気の部です。

そのほかにも、短期海外生徒派遣として、アメリカ・クラークストン高校への2週間のホームステイプログラムや、オーストラリアの現地高校への10日間の語学研修プログラムが用意されています。隔年でクラークストン高校の生徒を受け入れ、さらに、千葉大に通っているアジア人留学生を1カ月に1度の頻度で千葉東に迎え、理科系部活動の生徒を中心に英語で交流を図っています。この取り組みについて三上校長先生は「英語が達者な生徒ばかりではないので、やりとりがスムーズにいかないこともありますが、実際に英語を使えるよい機会なので、これからも継続的に行っていきたいです」と話されました。

卒業生とのつながりも重視した充実の進路指導

「夢をかたちに」をスローガンに掲げる千葉東には、希望進路を実現できる指導体制が整っています。

入学後に行われるスプリングセミナーは、仲間づくりをする目的のほかに、卒業生から高校や大学の生活について話を聞く時間を設けることで、大学やその先のことを考えるきっかけを作ります。このスプリングセミナーを進路指導のスタートとして、その後の総合学習やLHRの時間を活用し、各学年に合わせたプログラムを展開していきます。

例えば、1年生向けには医師・公認会計士・医学部在籍者といった卒業生を招いて「OB講演会」を行い、1・2年生を対象とした「インターンシップ」では、放射線医学研究所、東京医科歯科大、千葉弁護士会、近隣の幼稚園などを訪れています。

さらなる特色は、卒業生登録バンク「ポジティブ」が存在することです。任意登録ですが、現在300人近くの卒業生が在籍しており、おもに進路指導部を通して在校生の質問に答えているほか、進路相談に応じることもあるそうです。

現在、校舎の耐震工事が進行中で、来年にはいま以上に安全な教育環境が整う千葉東高等学校。2015年度入試から学校独自問題を廃止、新たに作文試験を実施することも決定し、注目が集まっています。そこで、どのような生徒を待っているのか、三上校長先生に伺いました。

「冒頭でも申し上げたように、本校の誇りは何事にも頑張る生徒ですので、そのよき伝統を引き継げるような生徒に来てもらいたいです。

知的関心や好奇心を持っている生徒は、持っている力を存分に花開かせられる土台が本校にはありますので、3年間で存分に力を伸ばしてほしいです。」

授業風景

少人数授業

音楽

英語や数学などでは少人数授業が行われています。音楽の授業ではバイオリンを弾くこともあります。

行事

修学旅行

百人一首大会

東雲祭（文化祭）

陸上競技大会

陸上競技大会は、個人が記録更新へ挑む側面と、クラス対抗で優勝をめざす側面の2つの面があります。東雲祭（文化祭）では、3年生は全クラスが演劇やミュージカルを披露します。限られた材料で教室内に舞台を作るノウハウが代々受け継がれています。1年生は1月にクラス対抗の百人一首大会があり、2年生の修学旅行は3泊4日で関西方面をまわります。

2014年度（平成26年度）大学合格実績 （ ）内は既卒

大学名	合格者	大学名	合格者
国公立大学		私立大学	
北海道大	7(6)	早稲田	39(11)
東北大	6(3)	慶應義塾大	23(10)
茨城大	4(2)	上智大	28(4)
筑波大	6(1)	東京理科大	58(22)
千葉大	40(8)	青山学院大	18(2)
東京大	2(2)	中央大	44(18)
東京外大	1(0)	法政大	55(17)
東京工大	4(1)	明治大	69(17)
一橋大	2(0)	立教大	42(16)
京都大	4(2)	学習院大	17(3)
大阪大	4(2)	芝浦工大	13(5)
その他国公立大	53(19)	その他私立大	395(114)
計	133(46)	計	801(239)

School Data

所在地	千葉県千葉市稲毛区轟町1-18-52
アクセス	千葉都市モノレール「作草部駅」徒歩5分、JR総武線「西千葉駅」徒歩8分
TEL	043-251-9221
生徒数	男子519名、女子580名
URL	http://cms1.chiba-c.ed.jp/chibahigashi-h/

✣2学期制 ✣週5日制 ✣45分授業 ✣7時限 ✣1学年9クラス ✣1クラス40名

和田式教育的指導

いよいよ入試直前期 合格を手にするために やるべきこととはなにか

12月もなかばを過ぎました。もうすぐ2学期も終わり、冬休みも目前。受験生のみなさんはついにラストスパートの時期となります。集中力も増し、勉強の効率もかなりよくなっているはずです。これからの猛勉強でまだまだ逆転も狙えます。

直前期の勉強は密度が違う

3年生になったばかりの4月といまの12月を比べてみてください。これまで勉強を続けてきたことにより学力がつき、数学の問題を解いたり、英語の長文を読むスピードが、自分でも気づかないうちに速くなっていると思います。スピードがあがったということは、以前と比べて、同じ時間勉強したとしてもこなせる量が増えているということです。

また、速さだけでなく集中力も増し、長時間勉強できるようになっているはずです。夏休みにはどんなに頑張っても1日に合計5～6時間勉強できればいい方だったという人も、この時期になると余裕で8～10時間勉強できるようになります。

こなせる量も勉強時間も増え、追い風に乗るように勉強を進められる時期です。この調子で取り組むことができれば、いまから入試当日までの1カ月半～2カ月で、逆転合格は十分ありえます。気を抜かずに頑張っていきましょう。

意外に重要な早寝早起きの習慣

合格を手にするために重要なのは、勉強だけではありません。受験日のことを意識し、本番で実力を最大限に発揮できるように準備をしてこそ、本当の受験生なのです。

まず大切なのは、早寝早起きです。一般的に、人間は頭がフル回転するために、起きてから3時間ほどかかると言われています。試験の開始時

Hideki Wada

和田秀樹

1960年大阪府生まれ。東京大学医学部卒、東京大学医学部附属病院精神神経科助手、アメリカのカールメニンガー精神医学校国際フェローを経て、現在は川崎幸病院精神科顧問、国際医療福祉大学大学院教授、緑鐵受験指導ゼミナール代表を務める。心理学を児童教育、受験教育に活用し、独自の理論と実践で知られる。著書には『和田式　勉強のやる気をつくる本』（学研教育出版）『中学生の正しい勉強法』（瀬谷出版）『難関校に合格する人の共通点』（共著、東京書籍）など多数。初監督作品の映画「受験のシンデレラ」がモナコ国際映画祭グランプリ受賞。

間に合わせて考えると、大体朝の6時ぐらいには起床し、目を覚ましておく必要があります。

普段から早起きの習慣がついていれば問題ないのですが、そうではない場合、また受験勉強でついつい夜更かしが続き、起床時間も遅くなりがちな人は要注意です。突然6時に起床しても、眠くてなかなか頭が働かないもの。いまから少しずつ起きる時間を早め、早起きの生活に移行させていきましょう。

例えば、いま7時に起きているのなら、1時間早く起きるために、毎朝5分ずつ早く起きるようにしましょう。12日間かけてゆっくりと起床時間を早めることで、無理なく早起きの習慣をつけられます。

直前期だからこそ生活リズムはくずさない

もちろん、夜更かししすぎないこともポイントです。早く起きるぶん早寝をして、睡眠時間はしっかり取るようにしましょう。

受験直前期だからといって、睡眠時間を削ることは絶対にやめてください。人間の記憶は、眠ることで保持・強化されることが近年の研究で明らかにされています。英単語や歴史の年号などの暗記ものは、寝る前に覚えた方が記憶の定着率が高いことも実証されています。睡眠時間が少ないと、記憶力が落ちてしまうのです。

また、休憩もしっかり取りましょう。週に1回は勉強を休み、頭と身体を休める時間を作ってください。勉強に集中できる時期だからこそ、毎日の生活のリズムをきちんと正し、本番を見据えて備えることがポイントなのです。

和田先生のお悩み解決アドバイス!!

Question

自分に自信が持てず不安でいっぱいです

Answer

不安なのはみんな同じ合格イメージを大事に

自信がなくて不安なのは自分だけではありません。本番１回の学力試験で合否が決まる高校受験では、どんなに勉強ができる人でも、「本番でミスをして落ちるかもしれない」「苦手な問題ばかりが出て点数が取れないかもしれない」とさまざまな不安を感じてしまうのは当たり前のことです。ほかの人も同じように不安と戦っています。自分だけではないと思えば、少しは気持ちがラクになるのではないでしょうか。

また、自信がなくて不安な気持ちがあるからこそ、「もっと勉強しなくちゃ」と思いますよね。発想の転換をして、この不安を勉強の動機づけに活用していると割りきって考えるのもおすすめです。

そして入試本番では、「自分は受かる」と思いこむことが大切です。「よし、いけるぞ！」「大丈夫、絶対受かる！」と自分に言い聞かせましょう。合格祈願のお守りやゲンかつぎを信じるのもいいですね。失敗を心配して縮こまるよりも、受かることをイメージする方が前向きです。

国際地学オリンピックの金メダリストに聞きました!!

巣鴨高3年　西山　学《がく》さん

2014年の9月22日から28日にかけて、スペインで開催された第8回国際地学オリンピックに日本の高校生4人が参加し、金メダル3人、銅メダル1人というすばらしい結果を残しました。その金メダリストのうちの1人、西山学さんにお話を伺いました。

学校で表彰される西山さん。ほかの国際オリンピックなども合わせて、学校初の金メダルだそうです

通っている巣鴨高校の授業で興味を持ち、さらに山岳班に所属していることもあって、地学への関心が一気に高まった西山さん。

将来の進路として、地学系の研究職をめざそうと思っていることを先生に相談したところ、「こういう大会があるから参加してみたら」とすめられて2013年の国際地学オリンピックの国内予選に参加したそうです。

このときは1次選抜は通過したものの、その後の2次選抜で惜しくも落選。しかし、「同年代で地学に興味を持った人たちが集まる合宿形式の2次選抜は楽しかったです」と西山さんは振り返ります。

そして迎えた2014年の国内予選を見事勝ち抜き、第8回国際地学オリンピックに参加する4人に選ばれます。

「国内予選では特別に対策はしませんでしたが、これまでは参加した人たち全員がメダルをとっていることもあり、本大会前の8月末はかなり勉強」してスペイン・サンタンデールでの本大会に臨みました。

胸に輝く金メダル

「結果発表が銅メダルから始まって、銀メダルも終わったところで日本からは1人だけ。金メダルをもらえる9人に『日本から3人も入れるの？』と思って、最後はみんなで祈っていました。」（西山さん）

祈りが通じたのか、残った3人全員が見事金メダルを獲得。金メダル3個、銅メダル1個という日本の過去最高成績になりました。

西山さんにとって本当に嬉しい結果でしたが、この大会に参加した意義は金メダルだけではないといいます。

「宿舎では他国の選手といっしょになり、コミュニケーションをとらざるをえないので、色々な人たちとさまざまな話をしました。部屋を訪問しあったり、外の公園でサッカーをしたりもしました。文化交流もしたし、本当に刺激になりました。日本のメンバーや、そのとき知りあった人たちとは、フェイスブックなどを通じていまでもときどき連絡を取りあっています。」（西山さん）

こうした貴重な経験を積むことができたのは、巣鴨での地学の授業がおもしろかったから。「もともと巣鴨を志望したのは生物班があったからで、理系の部活が盛んなんです。厳しいイメージがあるかもしれないけれど、やることをちゃんとやれば自由にできることがたくさんあるし、成績も伸びる面倒見のいい学校だと思います」と西山さん。

灘や筑波大附属駒場の生徒と並んでの西山さんの金メダル獲得には、巣鴨の教育がひと役買っていたとも言えそうです。

※このページは31ページから読んでください。

四角形BFCGを三角形に分けるとしたら、2つある。

△BCFと△BCG

△BFGと△CFG

この2つなら、△BCFと△BCGに分けるのがいいね。なぜなら、BCの長さはわかっているが、FGの長さはこれから計算しなければわからないからだ。時間がかかるぞ。

というわけで、△BCFと△BCGとに分けて、△BCFの面積と△BCGの面積を出そう。

△BCFの面積は、

$$BC \times FD \div 2 = 12\text{cm} \times 4.5\text{cm} \div 2$$
$$= 27\text{cm}^2$$

次は△BCGの面積だ。むむむ、すぐには計算できないぞ。どうすればいいだろうか。

すぐに計算できないのは、底辺BCはわかっているが、高さがわからないからだ。

それならば、高さをわかるようにすればいい。高さは、頂点のB、C、Gから辺のBC、CG、BGに垂線を下ろせばいい。どの点からどの辺に下ろすのがいいだろうか。

それは、頂点Gから辺BCに下ろすのがいい。なぜだろうか。そう下ろすと、その垂線がAFと平行になるからだ。AFは長さがわかっている。

そのように、長さのわかっている辺（＝線分）で、平行な線分だと、一気に解けるのだよ。

さて、下の図のようにGからBCに垂線を下ろすと、このGHが△BCGの高さになる。

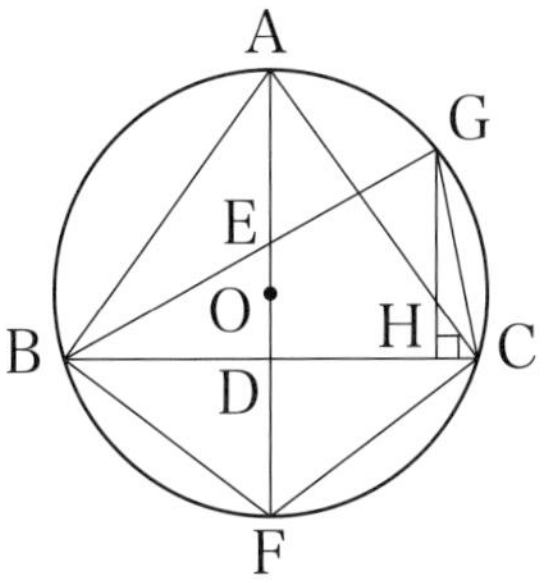

GHはEDと平行だね。だから、

GH：ED ＝ BG：BE

さあ、ED、BG、BEの長さを確認しよう。

$ED = 3\text{cm}$

$$BG = BE + EG$$
$$= 3\sqrt{5} + 2.5\sqrt{5}$$
$$= 5.5\sqrt{5}\text{cm}$$

$BE = 3\sqrt{5}\text{cm}$

これで、GHの長さがわかる。

GH：ED ＝ ？：3

$$BG : BE = 5.5\sqrt{5} : 3\sqrt{5}$$
$$= 5.5 : 3$$
$$= 11 : 6$$

GH：3 ＝ 11：6

$GH = 5.5\text{cm}$

高さがわかったので、△BCGの面積が計算できる。

$12\text{cm} \times 5.5\text{cm} \div 2 = 33\text{cm}^2$

かくして、四角形BFCGの面積は

$$\triangle BFC + \triangle BCG = 27\text{cm}^2 + 33\text{cm}^2$$
$$= 60\text{cm}^2$$

解答　（4）　60cm^2

これで、難しい図形の問題を解くには、次のようなことをつねに念頭に置いておかなければならない、とわかったろうね。

①直角と直角三角形
②三平方の定理
③角の二等分と二等辺三角形
④相似と辺の比
⑤平行と辺の比
⑥隠れている三角形や線

試験本番の直前に、もう一度この記事を読むと、いいことがきっとあるぞ！

編集部より

正尾佐先生へのご要望、ご質問はこちらまで！
FAX：03-5939-6014　e-mail：success15@g-ap.com
※高校受験指南書質問コーナー宛と明記してください。

※このページは31ページから読んでください。

$BO^2 = BD^2 + DO^2$

$BO^2 = BD^2 + (AD - AO)^2$

BOとAOはどちらも半径で、BO = AOだ。そこで、半径をrとすると、

$BO^2 = BD^2 + (AD - AO)^2$

$r^2 = 6^2 + (8 - r)^2$

$r^2 - (8 - r)^2 - 36 = 0$

$r^2 - 64 + 16r - r^2 - 36 = 0$

$16r - 100 = 0$

$r = \frac{25}{4} = 6.25$

解答　（1）　$\frac{25}{4}$cmまたは6.25cm

これで、長さのわかったものが6つに増えた。

次は（2）だ。

ここでは、FDとDEの長さの比が問われている。まずはFDの長さを計算しよう。FDは次のようにすればわかる。

FD = AF − AD
　= 6.25cm × 2 − 8cm
　= 4.5cm

だが、DEの長さを知るのはやや難しい。

DEは、直角三角形BDEの1辺だね。そこでパッと頭に浮かべるんだよ、「この問題の条件は？」ってね。

B、Eについて、「∠Bの二等分線とADの交点をEとします」という条件が与えられている。

そこで、直角三角形ABDを考えると、∠Bの二等分線がBEだから、AB:BD = AE:DEだと気づくだろう。

AB：BD = 10：6
　= 5：3
　= AE：DE

AD = 8cmだから、

AE = 5cm

DE = 3cm

これでDEの長さがわかった。

FD：DE = 4.5cm：3cm
　= 4.5：3
　= 3：2

解答　（2）　3：2

続いて（3）だが、これも難しい。

まずは、BEの長さを計算しよう。直角三角形BDEを考えると、

$BE^2 = BD^2 + DE^2$

$BE^2 = 36cm^2 + 9cm^2$

$BE^2 = 45cm^2$

$BE = \sqrt{45}$cm
　$= 3\sqrt{5}$cm

EGの長さはどうだろうか。どうしたらEGの長さがわかるか、なかなか大変だね。うんうん、うなったあげくに、相似が頭に浮かんできたらしめたものだ。

△AEGと△BEFを考えてみよう。この2つの三角形が図から浮かびあがってくるような目を持っている人は、数学の才能が十分にある。そういう人は、△AEGと△BEFとが相似だと気づくだろう。

△AEG∽△BEFだから、

AE：EG = BE：EF

そこで、AEとEG、BEとEFの長さを確かめるんだ。

AE = 5cm

EG = ？

BE = $3\sqrt{5}$cm

EF = FD + DE
　= 4.5cm + 3cm
　= 7.5cm

4つのうち3つわかったら、もう大丈夫だ。なにせ、この4つの長さの関係は、上に書いたように、AE：EG = BE：EFだとわかっているのだから。

さあ、計算を始めよう。

BE：EF = $3\sqrt{5}$：7.5

AE：EG = 5：？

$3\sqrt{5}$：7.5 = 5：？

？ = 7.5 × 5 ÷ $3\sqrt{5}$
　= 37.5 ÷ $3\sqrt{5}$
　= 12.5 ÷ $\sqrt{5}$
　= $2.5\sqrt{5}$

つまり、EG = $2.5\sqrt{5}$ということだ。そうすると、

BE：EG = $3\sqrt{5}$：$2.5\sqrt{5}$
　= 3：2.5
　= 6：5

解答　（3）　6：5

さあ、最後は（4）だ。手強い問題だが、ここまで読み進めた人なら解けるはずだ。

四角形の面積の計算は色々なやり方があるが、確実なのは四角形を2つに分けることだ。つまり、2つの三角形に分けて、それぞれの面積を出して足すのだ。

教育評論家 正尾佐の

高校受験指南書

【九拾七の巻】

今年出た難しい問題2

数学

高校入試も本番が近づいてきたね。

先月号から「今年出た難しい問題」シリーズとなり、英語の早慶戦を載せたが、今号は立教大の系列校に登場してもらおう。立教新座の問題だ。（1）から（4）まであるが、かなり難しいから、覚悟せよ！　というところだが、我と思わん人は、まず、紙とシャープペンを取り出して、自力でどこまで解けるか、挑戦してみよう。

もちろん、数学の得意な人、それも「図形の問題は、だぁ〜い好きだ！」という人なら、最後まで解けるだろう。

図のように，AB = AC = 10cm，BC = 12cm の二等辺三角形 ABC が，円 O に内接しています。∠Aの二等分線と BC の交点を D，∠B の二等分線と AD の交点を E とします。また，直線 AD，BE と円 O との交点をそれぞれ F，G とします。次の問いに答えなさい。

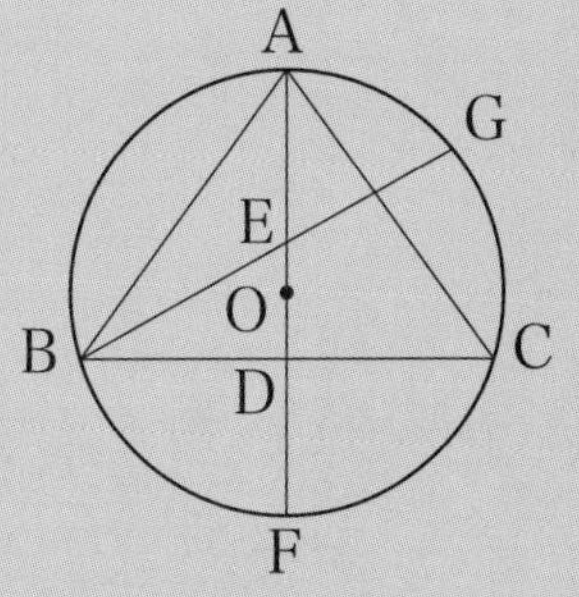

（1） 円 O の半径を求めなさい。

（2） FD : DE を求めなさい。

（3） BE : EG を求めなさい。

（4） 四角形 BFCG の面積を求めなさい。

まず、（1）からだ。

「円 O の半径」というのは、AO（= FO）のことだね。AO の長さはすぐにはわからない。当然だ、すぐにわかったら、試験問題にならない。

そういう場合は、慌てずに、すぐに長さのわかるものがどれとどれか、確認していくことが肝心だ。

わかっているのは、AB、AC、BC だね。いや、それだけではない。BD と DC もわかる。なぜなら、△ABC が二等辺三角形で、AD は円の中心 O を通る直線だからだ。つまり、D は BC の中点だ。念のために、整理しておこう。

AB = 10cm

AC = 10cm

BC = 12cm

BD = 6cm

DC = 6cm

それだけでなく、一応、角度も確認しておこう。△ABD と△ACD とが直角三角形だ。∠ ADB = ∠ ADC = 90° ということだね。

直角三角形の２辺の長さがわかれば、残りの１辺もわかる。△ABD の場合は、AB と BD がわかっているのだから、残りの AD もわかる。そう、三平方の定理を使うんだね。すぐに計算してみよう。

$AB^2 = BD^2 + AD^2$

$(10cm)^2 = (6cm)^2 + AD^2$

$100cm^2 = 36cm^2 + AD^2$

$AD^2 = 100cm^2 - 36cm^2 = 64cm^2$

$\therefore AD = 8cm$

では、いよいよ（1）を解くぞ。まず、△BOD に目をつける。△BOD も直角三角形だからだ。

WASE-ACA TEACHERS

東大入試突破への現国の習慣

国語

日常に流されずに疑問を持つこと。「なぜ?」がそのためのキーワード!

田《た》中《なか》 利《とし》周《かね》先生

早稲田アカデミー教務企画顧問

東京大学文学部卒。東京大学大学院人文科学研究科修士課程修了。文教委員会委員。現国や日本史などの受験参考書の著作も多数。

慇・懃・無・礼?! 今月のオトナの四字熟語「即断即決」

「即断」は「そくだん」と読み、「すばやく判断・決断すること」という意味になります。また「即決」は「そっけつ」と読み、「その場で決めること。即座に裁定すること」という意味になります。どちらも「すぐに決める」という意味で、同じ意味を重ねて強調したのが「即断即決」という四字熟語というわけですね。

さて皆さん! テストの現場を思い出してみてください。テストである以上、その場で答えを出さなければなりませんよね。即断即決のできない優柔不断な受験生は失格であり、不合格の烙印を押されてしまいます。さらにテストには制限時間があります。決められた時間内に答えを出さなければ、いくら素晴らしいアイデアを持っていても一切評価されません。言うならば、設問ごとに即断即決を求められているのです。テストに強い人は、判断が早く決断もできる人である、そんなイメージを持っている人も多いのではないでしょうか。けれども、だからといって軽々しく答えを出したところで、不正解ではこれまた不合格です。正解にたどり着くためには、よく考えること、熟慮こそが必要であるということを皆さんは知っているでしょう。ジレンマに陥りますよね。

この矛盾に立ち向かうことこそが「現国の習慣」だということを知っておいて欲しいのです! つまり、テストという現場にあって、できるだけ即断即決ができる人間に近づこうとすること。そのためには、できるだけ多くのことを日ごろから考えるようにしておかなければならないのです。あらゆるパターンを想定し、考えられる限りに答えを用意しておくこと。「そんな! 大変な!」という悲鳴が聞こえてきそうですが、君たちが普段から塾で勉強しているのはこのためなのですよ。試験問題を想定して日ごろから考え抜いておくこと。試験に出されてから考えているようでは遅いのです。

出題を想定した日々の学習によって、対応できる思考の幅を十分に広げておくのです。想定問答ごとに「引き出し」が準備されていくというイメージでもいいでしょう。引き出しがたくさん用意できていれば、本番のテストの際には、そこから答えを出してくればよいことになります。そうすると、あたかも即断即決のように見えるのです。むしろ引き出しにないことは、即断即決できないと考えるべきです。当てずっぽうや軽すぎる判断には、良い結果がともなうはずはないと肝に銘ずるべきです。

さらにもう一つ、「現国の習慣」について、具体的なアドバイスを皆さんに示しておきましょう！「できるだけ多くのことを日ごろから考えるようにしておかなければならない」と言われたところで、「何をすればいいのですか?」「どうすればいいのですか?」というカンジですよね。その答えをズバリ申し上げましょう。「常に自分にWHY? を投げかけること」です。日常生活に「なぜ?」を取り入れて、日頃から考えることを習慣化させるのです。「それって常に疑問を持ちなさいというハナシですよね? ズバリ申し上げましょう！ なんてカッコつけたわりには…」っていう反応が返ってきそうですが、注意してくださいね。ただの疑問ではないところがポイントなのです。あくまでも「なぜ?＝WHY?」でなければだめなのです。「それって何?＝WHAT? どうやるの?＝HOW?」という疑問については、あえて皆さんに働きかけなくても、進んでやっていることは知っています。先ほどもそうだったでしょ? 「できるだけ多くのことを日ごろから考えるようにしておかなければならない」と言われて「何をすればいいのですか?」「どうすればいいのですか?」とは反応しても「なぜそうしなくてはいけないのですか?」と考えた生徒さんは少ないのではないでしょうか。ことほどさように、「WHY? を投げかけること」というのは日常的ではないのです。むしろ、「なぜ?」が浮かび上がるのは非日常の場面だということを知るべきでしょう。だから日常生活では意識されないのです。「現国の習慣」に必要なのは、この「非日常の日常化」なのです！

皆さんもクールに即断即決できるように、日頃から非日常＝想定外を意識して「なぜなのか?」を考えてみましょう！ そうすることで、何がおきても「想定の範囲内です」と涼しい顔で対応できるようになるのですよ。

グレーゾーンに照準！ 今月のオトナの言い回し「憎まれ口」

「人に憎まれるような口のきき方」を意味する慣用表現です。「憎まれ口をたたく」という言い回しも覚えておきましょうね。

ある生徒（仮にAさんとしておきましょうか）から友達関係の相談を受けたことがあります。友達のBさんが「常に一言多い！」という相談です。Aさんは言います。「どうしてBさんは、私に対して嫌味なことばかり言うのだと思いますか?」どうして? と私に聞かれても困るのですが（笑）、要するに「いちいち癪《しゃく》にさわることを、なぜわざわざ言ってくるのか理解できない」という悩みです。

わかります！ まさに「憎まれ口をたたく」ヤツ！ いますよね。文字通り「憎まれ口」ですから、私のことを怒らせようとしているのか? あえて「あなたに憎まれたいですよ！」という意味で言っているのか? と思いたくなるような、そんなことを平気で口にする人物というのは、いるものです。皆さんよりも随分と人生を長く経験してきたワタクシに言わせれば、「それは実は、誰にとっても必ずいるものだ！」というものです。「だからあきらめましょう」というハナシではなくて（笑）、むしろそれを積極的にとらえて、自分の人生のパートナーくらいに思ってしまいましょう！ ということになりますかね。たとえではなく「人生のパートナー」というかけがえのないポジションにさえなりうることがある！ ということも知っておいていいと思いますよ。ツンデレ彼女と結婚なんていうのは…。

ハナシが中学校生活から離れてしまいました。元に戻しましょう、Aさんの話です。Aさんが「一番許せなかったのが…」と打ち明けてくれたエピソードが次のようなものです。Bさんと日曜日に一緒に買い物に行こう、という予定になっていたのですが、Aさんは月曜日に実施されるテストのことが気になってしまい、「勉強があるから…」と予定をキャンセルしてしまった、というのです。そのことに対して、Bさんが放った一言が「許せない」というのです。その一言とは「勉強、勉強って、たいした成績でもないのに！」というものです。

こうして聞くと、皆さんも「予定をキャンセルしたのはよくないのでは」という気持ちにもなるでしょうが、ここでの問題は「憎まれ口」に絞りましょう。どうしてBさんは、そんな相手を怒らせるようなことを言ってしまうのか? Aさんは分からない、というわけですが、第三者である皆さんはなんとなく分かりませんか? そう、Bさんは傷ついたんですよね。友達との約束よりも勉強を優先したAさんの態度に。「私より勉強が大事だっていうの！」という思いが、つい、「たいした成績でもないのに！」になってしまった。本当は「勉強よりも大事なものがあるでしょう！」って言いたかったのに。

憎まれ口をたたく人は、その相手を本当に嫌っているわけではない、ということは以上の説明でAさんにも伝わったようです。これも私の人生経験から得た教訓ですが「憎まれ口をたたくヤツに、本当に悪いヤツはいない」というもの。知っておいて損はないですよ！

ARDを底面としたときの三角すいQ-ARDの高さ、PRは△ARDを底面としたときの三角すいP-ARDの高さであるから、

(立体P-AQDの体積)

＝(三角すいQ-ARDの体積)－(三角すいP-ARDの体積)

$=\frac{1}{3}\times\frac{1}{2}\times8\times8\times6-\frac{1}{3}\times\frac{1}{2}\times8\times8\times3=\frac{1}{3}\times\frac{1}{2}\times8\times8\times3=$**32**(㎤)

次は、四面体の体積比を求める問題です。

問題2

右の図のように，OA＝AB＝BC＝CA＝6㎝，OB＝OC＝$6\sqrt{2}$㎝の四面体OABCが，△ABCを底面として平面Z上におかれている。

辺OA上にOL＝1㎝である点L，辺OB上にOM＝$3\sqrt{2}$㎝である点M，辺OC上にON＝$2\sqrt{2}$㎝である点Nをとる。

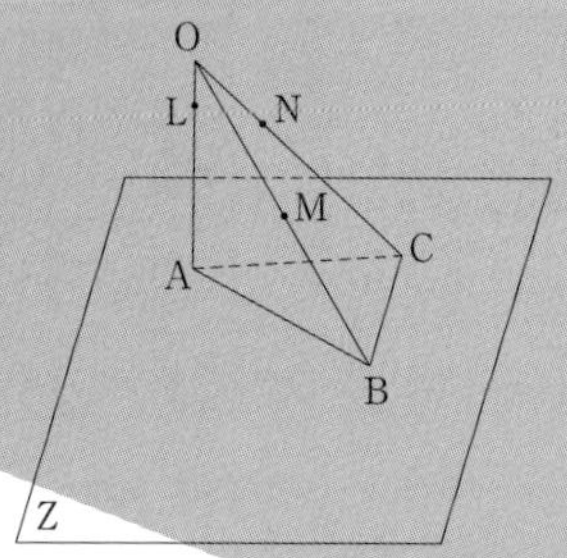

△OLNの周上に点Pをとり，直線PMと平面Zとの交点をQとするとき，次の問いに答えなさい。（筑波大附属・改題）

(1)　△OLNの面積を求めなさい。

(2)　Pが△OLNの周上を1周するとき，Qの描く図形を底面，Mを頂点とする四面体の体積は，四面体OLMNの体積の何倍か。

<考え方>

(2)　Qの描く図形を底面，Mを頂点とする四面体は、四面体MABCと高さが等しいことに注目します。

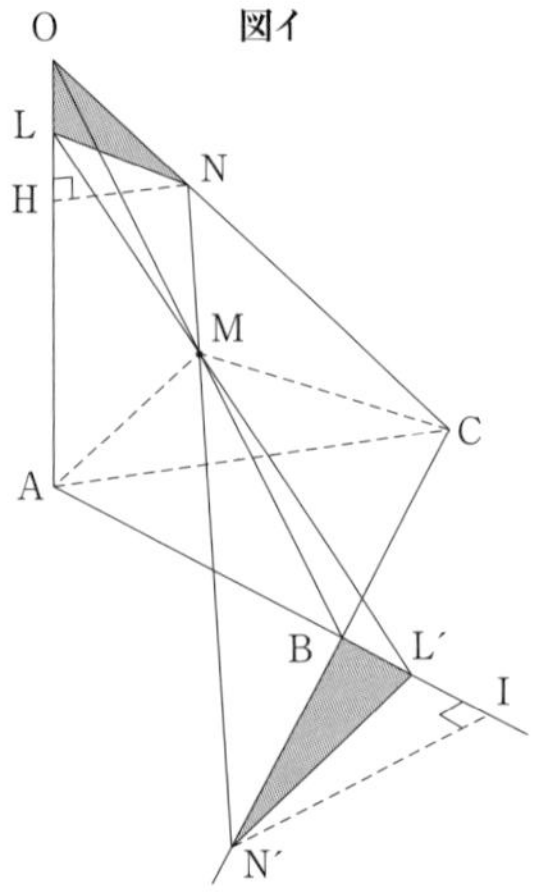

<解き方>

(1)　△OACは、3辺の比が1：1：$\sqrt{2}$より直角二等辺三角形。図イのように、点Nから辺OAに垂線を引き、辺OAとの交点をHとすると、△OHN∽△OACより、NH$=\frac{1}{\sqrt{2}}$ON＝2

よって、△OLN$=\frac{1}{2}\times1\times2=$**1**(㎠)

(2)　直線LMと直線ABとの交点をL´とすると、Pが△OLNの周上を1周するとき、Qの描く図形は**図イ**の△BL´N´となる。

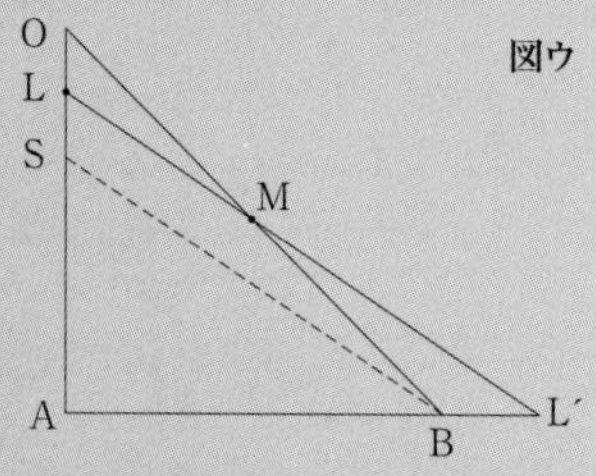

図ウのように、点Bを通り直線LL´に平行な直線が辺OAと交わる点をSとすると、

L´B：BA＝LS：SA、OL：LS＝OM：MB＝1：1、OL：LA＝1：5より、L´B：BA＝1：4

点N´から直線ABに垂線N´Iを引くと、∠N´BI＝60°より、N´I$=\frac{\sqrt{3}}{2}$N´B＝$3\sqrt{3}$(㎝)

これは正三角形ABCの高さと等しいので、

△BL´N´：△ABC＝L´B：BA＝1：4

四面体MBL´N´と四面体MABCは、点Mを共通の頂点とする高さの等しい四面体だから、体積は底面積に比例する。

よって、(四面体MBL´N´の体積)：(四面体MABCの体積)＝△BL´N´：△ABC＝1：4　……①

一方、四面体OLMNと四面体OAMCも、点Mを共通の頂点とする高さの等しい四面体だから、

(四面体OLMNの体積)：(四面体OAMCの体積)＝△OLN：△OAC＝1：18　……②

四面体MABCと四面体OAMCの体積は、四面体OABCの体積の$\frac{1}{2}$で等しいから、①、②より、

(四面体MBL´N´の体積)：(四面体OAMCの体積)$=\frac{1}{4}:\frac{1}{18}=9:2$

したがって、四面体MBL´N´の体積は、四面体OAMCの体積の**$\frac{9}{2}$倍**

立体は苦手という人も少なくないようですが、中1で学習して以来、ほとんど空間図形を学習する機会がありませんでしたから、経験不足という面も大きいように思います。ここまで見てきたように、相似と三平方の定理を活用する問題が中心ですから、まずは典型的な問題をしっかり研究していきましょう。また、空間図形の問題を考えるとき、問題を立体のまま考えるのではなく、問題2のように平面図形に置き換えて考えることが大切ですから、多くの問題を解いてコツをつかんでください。

WASE-ACA TEACHERS

数学

楽しみmath 数学！DX

空間図形は多くの問題を解くことが肝要

登木 隆司先生

早稲田アカデミー 城北ブロック ブロック長
兼 池袋校校長

今月は、空間図形について学習していきます。

初めに辺と平面の関係に注目して解く問題から見ていきましょう。

問題1

下の図１に示したABCD－EFGHは，AB＝AD＝8㎝，AE＝6㎝の直方体である。

頂点Cと頂点Fを結び，線分CF上にある点をPとする。

頂点Aと点P，頂点Dと点Pをそれぞれ結ぶ。

次の各問に答えよ。　　　　　　　　（東京都）

(1)　点Pが頂点Fに一致するとき，△APDの内角である∠DAPの大きさは何度か。

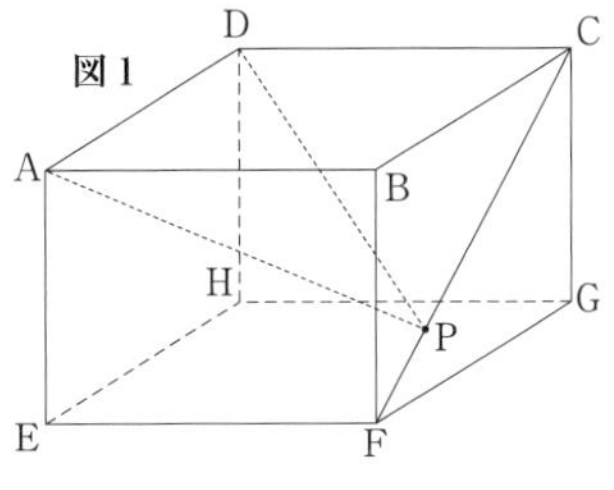

(2)　図２は，図1において，点Pが線分CFの中点となるとき，点Pから辺FGに引いた垂線と，辺FGとの交点をQとし，頂点Aと点Q，頂点Dと点Qをそれぞれ結んだ場合を表している。

立体P－AQDの体積は何㎤か。

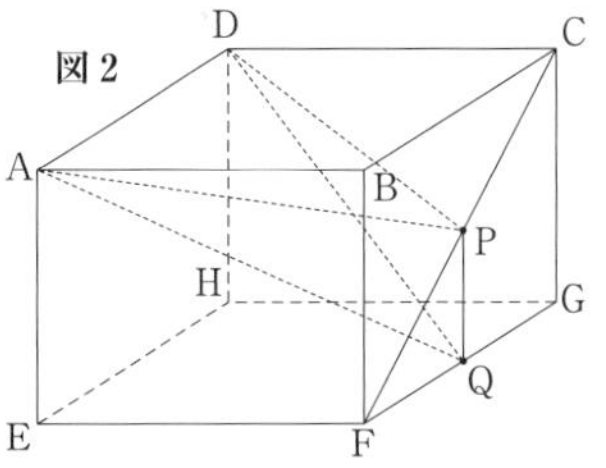

<考え方>

(1)　辺AD⊥平面AEFBであることに注目します。

(2)　線分QPを延長して考えましょう。

<解き方>

(1)　辺AD⊥平面AEFBだから、辺ADは頂点Aを通る平面AEFB上の直線と垂直になる。よって、AD⊥AF(AP) だから、∠DAP＝**90°**

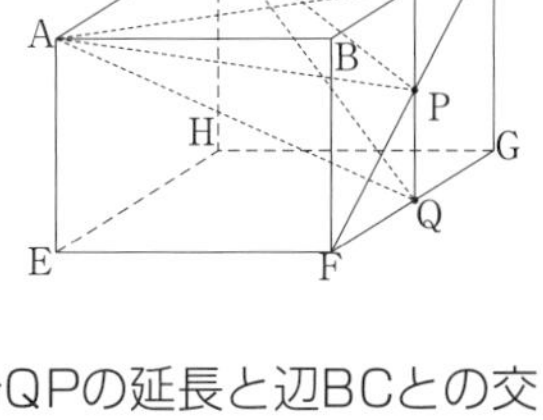

(2)　**図ア**のように、線分QPの延長と辺BCとの交点をRとすると、QR⊥平面ABCDだから、QRは△

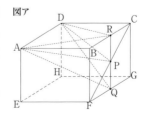

WASE-ACA TEACHERS

英語で話そう！

川村 宏一先生

早稲田アカデミー　教務部中学課
上席専門職

朝がちょっぴり苦手な中学３年生のサマンサは、父(マイケル）と母(ローズ)、弟(ダニエル）との４人家族。

サマンサは友人のリリーと昼休みをいっしょに過ごしています。サマンサは来週末に提出する課題がまだ終わっていなかったので、少し心配しています。

2014年12月某日

Samantha：Lily, have you done your homework yet? …①
サマンサ　：リリー、もう宿題は終わった？

Lily　　 ：No, I haven't done it yet. Have you? …②
リリー：まだよ。サマンサは？

Samantha：Neither have I.
I was so tired that I couldn't do it yesterday. …③
サマンサ　：私も。昨日は疲れてしまっていたので、手をつけられなかったの。

Lily　　 ：Then, shall we do it together after school?
リリー：それじゃあ、今日の放課後、いっしょにやらない？

Samantha：Sounds good. Let's do it together!
サマンサ　：いいわね。やりましょう！

今回学習するフレーズ

解説①　Have(Has)＋主語＋動詞の過去分詞形～yet ？	「もう～しましたか」と相手に聞く表現 (ex) Have you read that book yet? 「もうあの本は読みましたか」
解説②　have(has) not＋動詞の過去分詞形～yet.	「まだ～していません」と完了していないことを伝える表現 (ex) I have not read that book yet. 「私はまだあの本を読んでいません」
解説③　so～that…	「とても～なので…」と程度を伝える表現 (ex) This tea is so hot that I can't drink it. 「このお茶はとても熱いので、私には飲めません」

明るい高校生活、輝かしい未来のために
早稲田アカデミー大学受験部が「高校進学、その先」を紹介します。

ハイスクールナビ

久津輪 直／
早稲田アカデミー大学受験部
統括副責任者

入試問題研究に裏打ちされた授業計画と、徹底的な教材分析に基づく緻密な授業のみならず、第一志望合格を勝ち取るまでのプロデュース力で多くの生徒を合格へと導いています。

第一志望の夢に向かって「本気」で努力を続けている中3生のみなさんにとって、4月から始まる高校生活はバラ色そのもの。未来の高校生活を想像することによって、学習意欲が高まり、くじけることなく勉強に取り組めていけるはず。

高校生になっても待ってるよ!

数学ができるようになるシナリオを伝授します。高校入試大学入試ともにトップ講師である私にお任せ

●高３東大必勝コース副責任者
●中３筑駒クラス数学担当
白濱 裕司
早稲田アカデミー大学受験部 上席専門職

小中学生の「理科離れ」が教育界の問題として騒がれて久しくなりますが、一方では、長引く低水準の就職率などの影響もあって、大学入試においては「文低理高（文系人気の低下、理系人気の向上）」と言われています。国もまた、技術立国として厳しい国際競争に対応するために、教育政策として、全国にあるSSH（スーパーサイエンスハイスクール）の数を2倍に増加させるだけではなく、2012年度より新指導要領を導入し、数学や理科のボリュームが目に見えて増加しています。それにより難易度が上がっただけでなく、大学入試における理数科目の選択科目数も増加するなど、理系をめざす生徒だけではなく、文系の生徒にとっても理数科目の負担が重くなっている傾向にあります。

専門的なことを学ぶのは大学に入ってからになりますが、そのための準備は高校での学習で始まります。例をあげれば、高校数学は理系の学生にとって、将来の自分の専門分野になる物理、化学、機械工学、情報科学etcのすべての基本になる内容です。モノを作る、現象を観測して分析する、といったことにおいて、数学は必要不可欠なツールとなります。中学数学がスタートとなり高校数学、その先の理数系へと未来はつながっていきます。

高校数学の紹介

高校数学は、おもに数学Ⅰ・Ⅱ・Ⅲ・A・Bに分かれています。「数学Ⅰ」はほとんどの高校で勉強しますが、ほかの科目の履修は各高校のカリキュラムや、文系・理系など大学進学のコースによって異なります。「数学Ⅰ」の数と式・2次関数や、「数学A」のほとんどの単元は中学校の続きとなりますので、現在学習している内容の定着度は高1数学での得点にも大きな影響を及ぼします。その後、進度が非常に速く「ベクトル」や「微分・積分」などのまったく新しい単元が登場し、一気に内容が難しく感じられるようになります。また、高校数学の特徴の1つとして、計算の量も格段に多くなることがあげられ、速く正確に解くという処理能力が問われるようになります。論理や解法が頭に入っていても計算でつまずいてしまって苦手意識を持つことも十分に考えられます。

高校数学と中学数学の違い

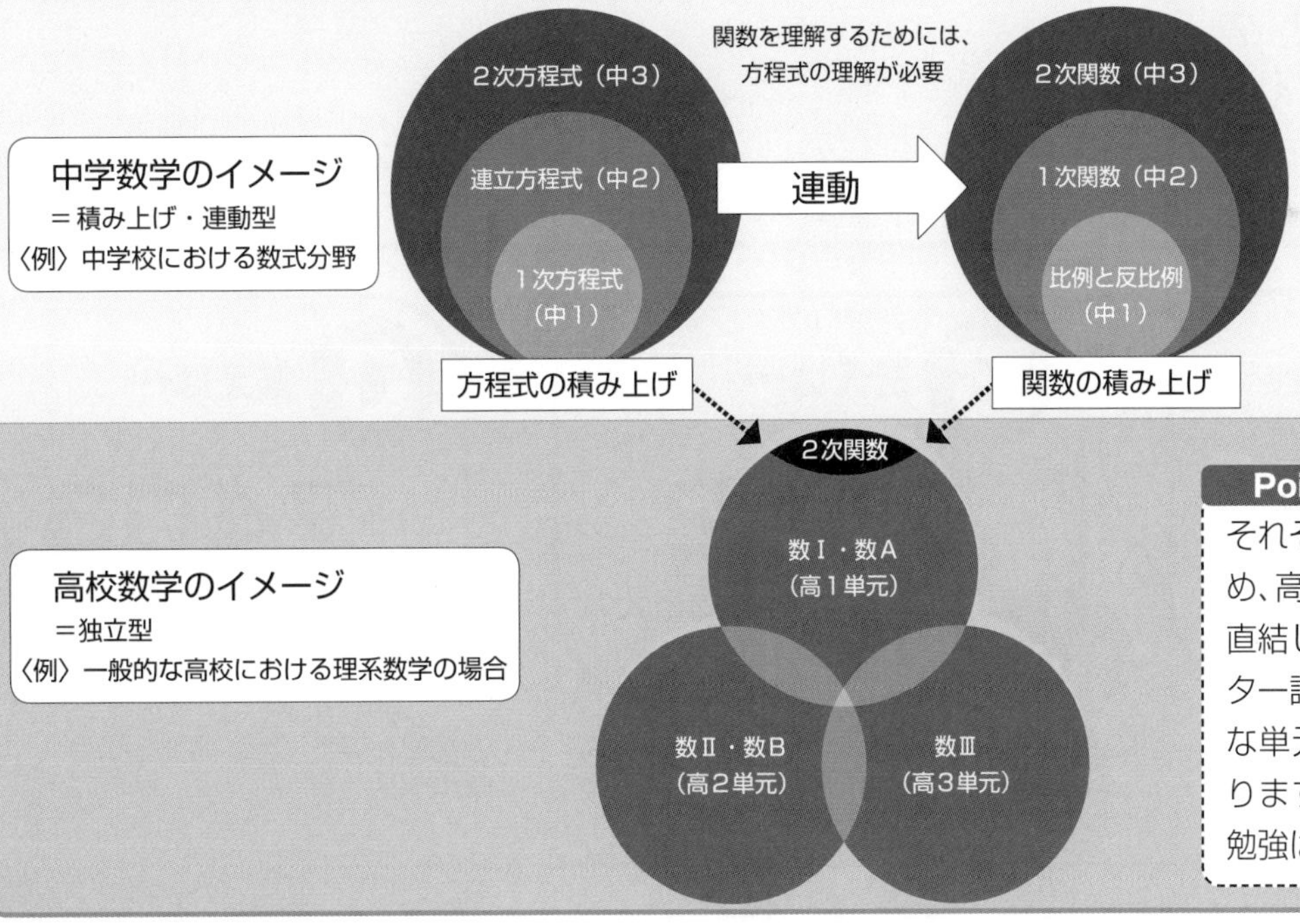

Point
中3時に受験対策をすることで中1単元からカバーできます。つまり、実質的な受験勉強は“1年分”で済みます。

Point
それぞれほぼ独立しているため、高1単元から入試対策に直結しています。しかも、センター試験であれば入試で必要な単元の$\frac{1}{2}$が高1単元となります。つまり実質的な受験勉強は“3年分”となります。

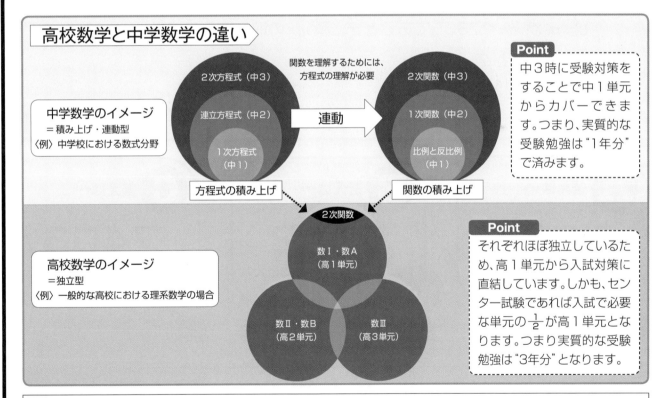

みんなの数学広場

問題編

答えは次のページ

初級～上級までの各問題に生徒たちが答えています。
どの生徒が正しい答えを言っているか当ててみよう。
もちろん、当てずっぽうじゃなく、実際に問題を解いてみてね。

TEXT BY かずはじめ
数学を子どもたちに、楽しく、わかりやすく、
使ってもらえるように日夜研究している。
好きな言葉は、"笑う門には福来る"。

上級

自然数 m、n において、その最大公約数は23とします。
積 mn が $mn<7935$ であるとき、積 mn の取りうる値で最大のものはいくつですか？

A 答えは…

7934

7935未満だもんね。

B 答えは…

7912

7935より小さい最大の23の倍数だから。

C 答えは…

7406

2人にだまされそう…。

中級

10円玉、50円玉、100円玉を組み合わせて300円にするには、
何通りの方法がありますか。
ただし、使わない硬貨があってもよいものとします。

A 答えは…

15通り

実際に数えました。

B 答えは…

16通り

丁寧に書いてみたら
こうなった。

C 答えは…

17通り

なんとなくだけど…。

初級

以下の3人のなかでウソを言っているとわかるのはだれでしょうか。

A 答えは…

私は、神です。

B 答えは…

私は、仏です。

C 答えは…

私は、人間です。そして、それ以上でもそれ以下でもありません。

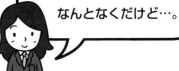

解答編

上級

正解は C

m、nの最大公約数が23ですから

$m=23\times p$

$n=23\times q$　（p、qは、互いに素な整数）

と表されます。

このとき、積$mn=23\times 23\times p\times q<7935$なので

$p\times q<15$となります。

p、qは、互いに素な整数であり、

さらに$p\times q$を最大にする整数は、

$p\times q=14$

このとき、$(p,q)=$（1、14）（2、7）（7、2）（14、1）の4通りです。

いずれも、積$mn=23\times 23\times 14=7406$です。

A

問題読んだ？

B

ちゃんと考えた？

C

中級

正解は **B**

合計300円にするように、10円玉、50円玉、100円玉の枚数をそれぞれ、X枚、Y枚、Z枚とすると、10X+50Y+100Z=300です。

この両辺を10で割って、X+5Y+10Z=30。

これを満たす0以上のX、Y、Zは丁寧に書きくだしてみると、

(X、Y、Z)=(30、0、0)(25、1、0)(20、2、0)(15、3、0)(10、4、0)(5、5、0)(0、6、0)(20、0、1)(15、1、1)(10、2、1)(5、3、1)(0、4、1)(10、0、2)(5、1、2)(0、2、2)(0、0、3) となり、全部で16通りです。

これを見つけるコツは、係数の大きいZから決めるといいでしょう。まず、Z=0のときを求めて、続いてZ=1のときを求めて、Z=2、Z=3と順々に行えば、かなり容易です。

A

数え間違えているよ。

B

C

なんとなくではダメ。
しっかりしよう！

初級

正解は **C**

よく読んでみると「それ以上でもそれ以下でもありません」とありますね。ということは「人間以上でも人間以下でもない」わけで、そうなると人間でさえなくなってしまいますね…。

A

神様だったの？ じゃあ願いをかなえてよ！

B

仏？ それは知らなかったなあ。

C

世界の先端技術

search ホンダジェット

教えてマナビー先生！
今月のポイント

日本の航空マンが開発した
乗り心地も経済性も抜群の
小型ジェット機が空を飛ぶ

ホンダジェット（HondaJet）量産1号機の初飛行の様子
（2014年6月28日、写真提供=本田技研工業）

日本の航空業界が元気だ。ホンダジェット（HondaJet）や三菱MRJ（49ページ参照）など新しい飛行機の完成が迫っている。今回はこのなかの一機、ホンダジェットを紹介しよう。

現在の航空機に求められているのはなんといっても経済性だ。目的地になるべく早く到達するのはもちろん、燃費がよく乗り心地もいい機体が求められている。

ホンダジェットはビジネスジェットという小型機クラスで、パイロットを含め７名乗りのジェット機だ。同じクラスのジェット機と比べて30%も燃費を下げることに成功している。

そのために、どんな手法を使ったのだろうか。主翼にあたる風の力を揚力として機体を浮き上がらせるのが、飛行機が飛ぶ仕組みだ。だから、空気の流れを乱すようなものはなるべく取りつけないのが常識だ。ところが、ホンダジェットは主翼の上にエンジンを取りつけるという普通は行わないことをやってしまった。風洞実験や、コンピューターによるシミュレーションの結果、空気抵抗的にも効果があることがわかったそうだ。発想の勝利だね。

▶マナビー先生
日本の某大学院を卒業後海外で研究者として働いていたが、和食が恋しくなり帰国。しかし科学に関する本を読んでいると食事をすることすら忘れてしまうという、自他ともに認める“科学オタク”。

一般のビジネスジェットは胴体にエンジンをつけるものが多い。胴体につけると、そのために居室が狭くなってしまうことが多かったんだけど、主翼の上に設置したことで居室も広くなり、快適な空の旅が楽しめるようになった。空力特性だけでなく居住性も高まったんだ。

機体表面にできる空気の流れについても色々な工夫が施されている。新幹線の先頭車両も色々な形をしているけれど、ホンダジェットの先頭部分（ノーズという）も、自然層流ノーズという空気の流れをスムーズにする形状になっている。

機体も、できるだけ軽く強くするためカーボン複合材を構造材として採用し、２種類の構造様式を組み合わせて一体成型するという難しい製造技術を駆使して作られている。もちろん、エンジン自体も新しく作った。燃焼効率がよいだけでなく、排気ガスの少ない、静かで軽く、直径が54cm以下という小さなエンジンを新しく開発したんだ。

日本の航空機が、世界の空を飛ぶ日も近いよ。こんなビジネスジェットに乗って世界を飛び回るビジネスマンになりたいね。

Bungou Retsuden

古今文豪列伝

第2回

森《もり》鴎《おう》外《がい》

Ogai Mori

森鴎外は本名を林太郎《りんたろう》といい、1862年（文久2年）、石見国《いわみのくに》津和野（現・島根県津和野町）に津和野藩藩医の長男として生まれたんだ。

東京大医学部を卒業して陸軍の軍医になりドイツに留学、1888年（明治21年）に帰国したあとは、軍医として勤務をするかたわら、雑誌『国民之友』に訳詩集『於母影《おもかげ》』、小説『舞姫』を発表するなどして、小説家としても活躍をし始めた。

『舞姫』はドイツに留学中の主人公が舞姫と結婚生活を送り、その後、悲劇的な別れをするというストーリーだが、鴎外のドイツ留学中の経験が投影されているといわれている。

一方で、小説家で劇作家の坪内《つぼうち》逍《しょう》遥《よう》と文学上の論争『没理想論争』をしたり、雑誌を創刊するなどしながら、日清戦争や日露戦争には軍医として従軍している。

さらに夏目漱石の創作に影響を受け、1900年代以降は矢継ぎ早に小説を発表するようになる。1909年（明治42年）、『ヰタ・セクスアリス』を雑誌『スバル』に連載したけど、内容が刺激的すぎると発売禁止になったこともある。1911年（明治44年）には『雁』を『スバル』に、初の歴史小説『興津弥五右衛門《おきつやごえもん》の遺書』を『中央公論』に発表した。これは崩御した明治天皇に殉死した乃木希典《のぎまれすけ》将軍の死に衝撃を受けて書かれたといわれる。

以後、鴎外は歴史小説に傾倒していき、1913年（大正2年）には『阿部一族』、翌年には『大塩平八郎』『堺事件』を発表、1915年（大正4年）には『山椒大夫』を『中央公論』に発表した。さらに『高瀬舟』『寒山拾得《かんざんじっとく》』『渋江抽斎《しぶえちゅうさい》』『伊沢蘭軒《いざわらんけん》』『北条霞亭《ほうじょうかてい》』などを世に出していくんだけど、そうした旺盛な創作活動をしながら、慶應義塾大の『三田文学』の編集委員を務めたり、軍医総監として陸軍医務局長の激務をこなすなどしていた。

陸軍を退役してからは帝室博物館総長、帝国美術院初代院長を歴任した。亡くなったのは1922年（大正11年）、病死だった。

鴎外は医学博士であり、文学博士であり、軍人で、ドイツ文学の翻訳者としても一流、明治時代から大正時代にかけての日本を代表する知識人といっていいだろう。東京都三鷹市の禅林寺にお墓があるけど、斜め向かいには太宰治の墓もあるよ。一度、行ってみてもいいね。

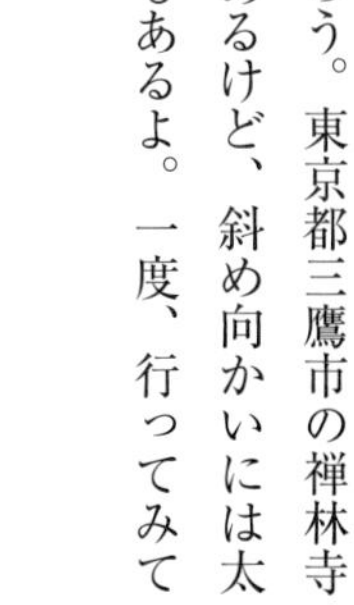

『山椒大夫・高瀬舟』
490円＋税
新潮文庫

今月の名作 〜森鴎外『高瀬舟』〜

1916年（大正5年）に雑誌『中央公論』に発表された時代小説。

江戸時代、京都の高瀬川を行く高瀬舟は、島送りになる罪人を乗せるが、弟を殺した喜助は、なぜか晴れ晴れとしている。護送役の同心はそれを不審に思うが…。

先輩に聞け！

大学ナビゲーター

10カ月間のアメリカ留学では
たくさんの思い出ができ
新たな目標も見つかりました

筑波大学

社会・国際学群
国際総合学類 4年次 3年

宇土《うと》 健太《けんた》さん

オープンキャンパスで第1志望大を決めた

—筑波大を志望したのはなぜですか。

「高校時代から国際ニュースに関心があったので、国際的なことを学べて、留学ができる大学を探していました。

第1志望を筑波大に決めたのは、国際総合学類の仲のよさにとても惹かれたからです。オープンキャンパスで出会った先輩から、国際総合学類では毎年誕生日サプライズを行っていて、先輩も学年全員のメッセージが入ったビデオレターをもらったことがあるという話を聞き、そんな和気あいあいとした雰囲気の大学で4年間を過ごしたいと思いました。」

—講義について教えてください。

「国際総合学類は、他学類に比べて、英語を使った講義が多くあります。高校までは英語が得意でしたが、大学に入ると帰国子女や留学生がたくさんいて、1年生のころの講義では『日本語だったら活躍できるのに…』と悔しい思いもしました。その気持ちをバネに一生懸命勉強したことで、英語力は向上しましたね。

留学前は経済学のゼミに入っていましたが、いまは『メディアポリティクス』のゼミに所属し、政治とメディアの関係性について学ぶことに力を入れています。普通は留学前と同じゼミを続けますが、担当教員の転任により途中で変わりました。もともとは別の経済学のゼミに入り直そうと思っていたのですが、ビジネス講座が充実しているという話を耳にして留学先に選んだオハイオ州立大で履修したメディア学の講義を通して、メディアが社会に与える影響の大きさを実感したので、経済学ではなくメディア関連のゼミに入ることを決めました。

また、筑波大では、他学類の講義も比較的自由に履修することができるので、地域遺産について詳しく学ぶ講義や、大学のPR案を考え、最終的にPR動画を作る講義といった芸術学類の講義などもとっています。」

——留学中の思い出はありますか？

「2013年の8月から2014年の5月まで留学していたオハイオ州立大は、アメリカンフットボールが強いことで知られていて、ライバル校であるミシガン大との対戦が迫ってくると、校内全体が対戦に向けて盛りあがります。対戦前日には生徒が次々と校内の池に飛び込むのが伝統だそうで、私もいっしょに飛び込みました。季節は冬だったので雪が降っていて、池の温度もマイナス5度でとても寒かったんですが、これが一番の思い出ですね。

ほかにも毎週末に友だちとバスケをしたこと、日本文化に興味を持っている友人に日本語を教えたこと、親友ができたことなど、あげ出したらキリがないくらい、たくさんの思い出があります。」

——これからの目標はありますか。

「自分の留学も色々な人の支えがあったからこそとても充実したものになったので、筑波大に来ている留学生が『留学してよかった』と思えるように、そして、筑波大の学生がどんどん留学できるように手助けをしていきたいです。まずはその第一歩として、留学生のチューターを務めることにしました。大学生活のサポートのほか、東京を案内したり、自宅に招いたりと親睦を深めています。

将来に関しては、まだ定まっていませんが、自分が社会にいた痕跡を残したいので、メディア関連の仕事に興味がありますし、少女漫画が好きなので少女漫画の編集者になりたいとも思っています。いずれにしても軸にあるのは『人を感動させたい』という思いです。『感動』は『感じて動く』と書くので、人になにかを感じてもらい、人の心を動かせるような、そんな職業に就きたいです。」

▲バックパッカーとしてヨーロッパを旅することも。スペインでは牛追い祭りに参加したそうです(右から3人目)。

▼アメリカ留学中に参加したボランティアツアーの仲間と宇土さん(右から2人目)。

【3つのサークルでの活動】

サークルは現在「blast」、「UTIC」の2つに所属しています。もう引退してしまいましたが、「水泳同好会」にも入っていました。どのサークルでもとても充実した活動ができています。

1つ上の先輩が立ちあげた「blast」では、社会問題を学生ならではの視点で解決していこう、という目的を掲げてさまざまな活動を行っています。留学生向けに開催した「東北スタディーツアー」は、企画から現地の方との交渉まですべて自分たちで行いました。

「UTIC」は筑波大生の留学を支援する団体で、留学報告会を開いたり、留学希望者と留学経験者が話せる場を設けることで、情報交換の場を提供しています。自分も「UTIC」にお世話になり留学を決めたので、今度は留学を考えている人の背中を押してあげたいです。

「水泳同好会」は中・高でバスケットボール部に入っていたので、大学でも身体を動かしたいとの思いから入部しました。水泳は小学生のころ習っていて得意だったんです。引退後も同期とは仲よくしています。

【苦手科目も諦めずに克服】

国語が苦手でしたが、漢字問題で点数を落としたくなかったので頑張って勉強し、漢字検定2級を取得しました。また、文章問題が苦手なのは本を読み慣れていないからだと思い、たくさん本を読むようにしたところ、文章を読むことに抵抗がなくなったのか、スムーズに解けるようになりました。そして、記述問題は答えを必ず先生に添削してもらっていました。1人の先生だけでなく、何人かの先生に見てもらっていたので、異なる意見を聞くことができてよかったです。

【受験生へのメッセージ】

高校受験のときも大学受験のときも、どうしても行きたい学校があったので、信念と目標を持って受験勉強に取り組んでいました。とくに大学受験のときは、周りに「筑波大に合格するのは難しいから志望校を変えた方がいいのでは」と言われたこともありましたが、筑波大に行きたい気持ちが強かったので、なにを言われても志望校を変えることはありませんでした。

自分の場合は、机の上に置いた大学のパンフレットを休憩のたびに開き、誕生日サプライズに参加している自分を思い浮かべながら受験勉強をしていたので、みなさんにも志望校での楽しい生活を夢見ながら、目標を持って勉強してもらいたいと思います。

ミステリーハンターQの
歴男歴女養成講座
春日 静
中学1年生。カバンのなかにはつねに、読みかけの歴史小説が入っている根っからの歴女。あこがれは坂本龍馬。特技は年号の暗記のための語呂合わせを作ること。好きな芸能人は福山雅治。
山本 勇
中学3年生。幼稚園のころにテレビの大河ドラマを見て、歴史にはまる。将来は大河ドラマに出たいと思っている。あこがれは織田信長。最近のマイブームは仏像鑑賞。好きな芸能人はみうらじゅん。
ミステリーハンターQ（略してMQ）
米テキサス州出身。某有名エジプト学者の弟子。1980年代より気鋭の考古学者として注目されつつあるが本名はだれも知らない。日本の歴史について探る画期的な著書『歴史を掘る』の発刊準備を進めている。

二十一か条の要求

第一次大戦中に日本が中国につきつけた二十一か条の要求。日本の強引な行動は中国や国際社会から非難される結果に。

勇 日本が中国に二十一か条の要求をしてから、2015年（平成27年）で100年になるんだね。

MQ 1915年（大正4年）1月、第2次大隈重信内閣のとき、加藤高明外相が中華民国の袁世凱《えんせいがい》総統に出した要求のことだね。

静 どんな内容の要求だったの？

MQ 21か条からなっていて、関東州の租借の延期、南満州鉄道の権益期限の99か年の延長、南満州や内モンゴルの鉄道の敷設権、鉄や石炭の採掘権など多方面にわたる日本の権益の拡大と確保を狙ったものだね。中国政府が日本人を軍事、政治、経済の顧問に雇用することも含まれていた。

勇 なんで要求を出したの？

MQ 1914年（大正3年）にヨーロッパでは第一次世界大戦が始まって、中国に利権を持っていたイギリス、フランス、ドイツなどはそれどころではなくなっていた。そこにつけ込んだって感じかな。中華民国自体も建国から日が浅く、脆弱《ぜいじゃく》だった。

静 要求に対して、中華民国はなんといったの？

MQ 最初は返事をしぶったけど、日本が強硬に申し入れをしたため、最終的にはかなりの要求をのむことになったんだ。

勇 国際社会はどう反応したの？

MQ 日本の要求を知ると、欧米諸国は猛烈な非難を始めた。世界大戦を戦っている間に、日本に権益を奪われると思ったわけだ。

静 中国国内は？

MQ やはり反日、排日の運動が盛んになった。日本が5月に最後通牒《つうちょう》を出して、袁世凱を屈服させたことから、中国では5月9日を「国恥記念日」として国権回復運動を行うようになった。

勇 日本は結局、権益を手に入れることができたの？

MQ 第一次世界大戦が終わり、1922年（大正11年）に開かれた太平洋や中国問題を話しあうワシントン会議で、日本は譲歩を迫られ、山東省の権益などは放棄することになったんだ。

静 世界大戦のスキに乗じた格好だから、あまりほめられた話じゃないわね。

MQ 欧米諸国から、日本は中国を狙っていると思われ、中国の政府や国民も反日に傾くなど、日本にとっては、権益を得るよりも失うものの方が多い要求だったといえるね。

「21か条要求」である
ヤメテ…

あれも日本語 これも日本語

NIHONGO column no.59

「船」から生まれた言葉

今回は船から生まれた言葉についてみてみよう。

まずは「船出」だ。文字通り、船に乗って出発することだが、さまざまなスタートの意味で使われる。例えば卒業式、学校を出て、上級学校に行ったり、就職したりする。まさに「船出」だ。また、結婚式なんかでも、新たな生活のスタートということで、「船出」にたとえられたりするね。

「渡りに船」は、どうやって川を渡ろうかと困っていたときに、ちょうど船が来て渡ることができた、という意味から、困っているときに、都合よく助けてくれる手段や人が現れることをいうんだ。「助け船」は溺れている人を助けることから、困っている人を助けることだ。

「乗りかかった船」は、一度出港したら、目的地に着くまで降りられないように、始めてしまったら、途中でやめられない、あるいはやめない、という意味で使われる。「文化祭で劇をやろうと決めて、練習も始めた。乗りかかった船だから、最後までやろう」というふうに使う。

「船頭多くして船山に登る」。船頭は小さい船の船長さんのことで、指揮をする人がたくさんいて、それぞれ勝手な命令を出すと、本来の目的とは異なる方向に行ってしまう、という意味だ。

「さおを差す」。さおは船を漕ぐ長い棒のこと。そのさおを川底に差して、船を進めることをいうんだ。そこから、物事を順調に進める意味で使う。「拍車をかける」に似てるね。順調にいっていることを妨げる、と逆の意味に誤解する人が結構多いんだけど、間違えないようにしよう。

「錨《いかり》を下ろす」。錨は船を停泊させるために船から下ろす重い金具だ。そこから、じっとして動かないこと、腰をすえることをいうんだ。

反対に「錨を上げる」は出港、出発すること。似た言葉に「舫《もやい》を解く」がある。舫は船と船をつなぐ綱のこと、それをほどいて出港するんだ。

「船を漕ぐ」は居眠りをすること。

「呉越同舟」は仲の悪い者同士が同じ船に乗りあわせたという意味だ。船のなかだからケンカもできない。敵が同じ場所や状況になってしまったことをいうんだ。

あたまをよくする健康

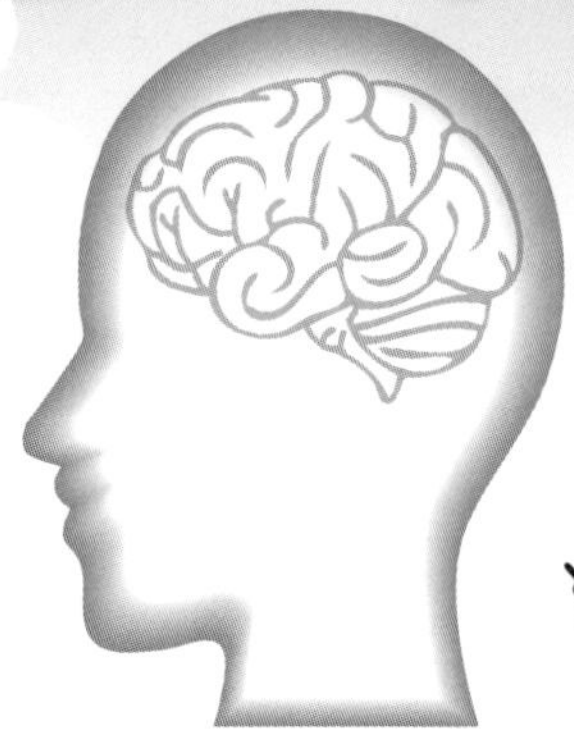

今月のテーマ

笑い

ナースであり
ママであり
いつも元気な
FUMIYOが
みなさんを
元気にします！

by FUMIYO

ハロー！　Fumiyoです。

みんなは、「笑う門には福来たる」ということわざを聞いたことはあるかな？　「いつも笑いの絶えない人の家には、自然に幸福がやってくる」という意味です。ちなみに私の座右の銘は「笑ってごまかせ!!」です（笑)。おもに家庭内でのことですが…。怒られそうな場面で、笑って「ごめんなさい」とその場から一時退散！　ほとぼりの冷めたころ、控えめなほほえみで、「コーヒー飲む？」とコーヒーカップを持ちながらそーっと近づくと、結構うまくいくんです！　もちろん、失敗することもありますが…（苦笑)。

じつは、この笑いと健康との間には、とっても大きなつながりがあるのです。笑って、健康になって、家族がニコやかに過ごせるなんて、一石二鳥の話ですね。

ということで、今回のテーマは「笑い」です。

みなさん、最近笑ってますか？　悲しかったことや、イヤなことは割とすぐ思い出せるのに、「最近笑ったのはいつだったかな??」と、なかなか思い出せないくらい、笑いとは意識しないものなのです。

いったいいつごろから人間は笑い始めるのでしょうか。

赤ちゃんは、生後５週間を過ぎたころになると、はっきりわかるようなほほえみの表情を浮かべます。笑い方はだれかに教えてもらうことなく、遺伝子のなかにしっかり組み込まれているようです。

さて、では「笑い」にはいくつ種類があるでしょうか。

- **楽しい気持ちのときの笑い**
- **あいさつのときなどのコミュニケーションツールとしての笑い**
- **緊張の糸が解け、ホッとしたときの笑い**
- **極度の緊張状態の際にその状態から逃げたい気持ちでいっぱいのときの笑い**

などなど。

笑う場面は違っても、気持ちや周囲を和らげる効果がどの笑いにも含まれています。この笑いによる脳の刺激により、免疫機能活性化ホルモン（神経ペプチド）が全身に分泌され、これが免疫機能を高め、さまざまな病気の予防につながると言われています。

受験生にとって、これからの時期は風邪やインフルエンザなどにかからないようにますますの注意を払う必要があります。

ですから、手洗い、うがいなどの感染予防を行いながら、１日１回笑いの時間も作り、身体のなかに備わっている免疫機能を十分に働かせてあげましょう！

Q1

なぜ楽しい思い出よりイヤな思い出の方が覚えていることが多いのでしょうか？

①悲劇のヒロインでいたいから
②2度と同じことをしたくないから
③楽しいことが毎日あるから

正解は、②の２度と同じことをしたくないからです。

イヤなことが再び起きないようにと本能が働いているからという説があるようです。

Q2

笑うことにより、身体の筋肉も鍛えることができます。鍛えられないのはどこの筋肉でしょうか？

①足の筋肉　②お腹の筋肉　③顔の筋肉

正解は、①の足の筋肉です。

笑いすぎてお腹が痛いという言葉があるくらい、腹筋は鍛えられます。また顔の筋肉も刺激され、血行がよくなり、美容に効果的な一面もあるんです！

サクニュー!! ニュースを入手しろ!!

産経新聞編集委員
大野 敏明

◀PHOTO
公開された小型ジェット旅客機「三菱リージョナルジェット(MRJ)」(2014年10月18日午後、愛知県豊山町の三菱重工業小牧南工場)写真:時事

今月のキーワード

国産ジェット機「MRJ」

ジェット旅客機としては日本初となる三菱リージョナルジェット（MRJ）が2014年（平成26年）10月、愛知県小牧市の三菱重工小牧工場で、関係者や報道陣に公開されました。

日本は戦後、GHQ（連合国軍総司令部）によって航空機の生産が禁止されていましたが、1952年（昭和27年）にGHQの占領が終わり、主権が回復されてからは、国産機生産の必要性が叫ばれ開発に着手し、東京オリンピックのあった1964年（昭和39年）に、プロペラ型のYS11が国産初の旅客機として生産、運航されるようになりました。MRJは、このYS11以来、じつに50年ぶりの国産旅客機です。

MRJは中近距離を運航することを目的に、2002年（平成14年）以降、経済産業省が音頭をとって開発が進められてきました。

航空機の開発生産には多くの費用がかかるため、YS11以外は輸入に頼ってきましたが、1990年代に入って、短距離専用で騒音が少なく、燃費のよさを追求した中小型機の需要が高まりました。

また、航空機は、部品のデパートともいわれるほど多くの部品を必要とすることから、生産を支える部品メーカーの育成の必要性も指摘されました。さらには原油の高騰による燃費の向上の追求、航空機利用客の急増も追い風になり、日本でも採算がとれると判断し、開発することになりました。 開発は三菱重工の子会社の三菱航空機が担当しましたが、順調ではありませんでした。当初は500億円の開発費を見込んでいましたが、材料費の上昇などもあって1200億円にまでふくらみました。このため、経産省は400億円程度の資金援助をしています。

MRJは全長約35m、高さ約10m、幅約30mで２基のターボジェットエンジンを搭載しています。座席は約90席で機体の中央に通路が１本ある単通路です。最大運用速度は時速956㎞で、これはマッハ0.74に相当します。

採算ベースは350機、利益ベースは600機といわれています。すでに国内はもちろん、アメリカ、ミャンマーなどの航空機会社から引き合いがきています。2015年（平成27年）には初飛行を行い、成功すれば順次、航空機会社に引き渡され、2017年（平成29年）には運航を開始する予定です。近い将来、日本、そして世界の空に、MRJが羽ばたく日が来ることでしょう。

みなさんがMRJに乗る日もそう遠くないかもしれません。

『オチケン！』

次々と狙われる「オチケン」トラブルの理由は部室!?

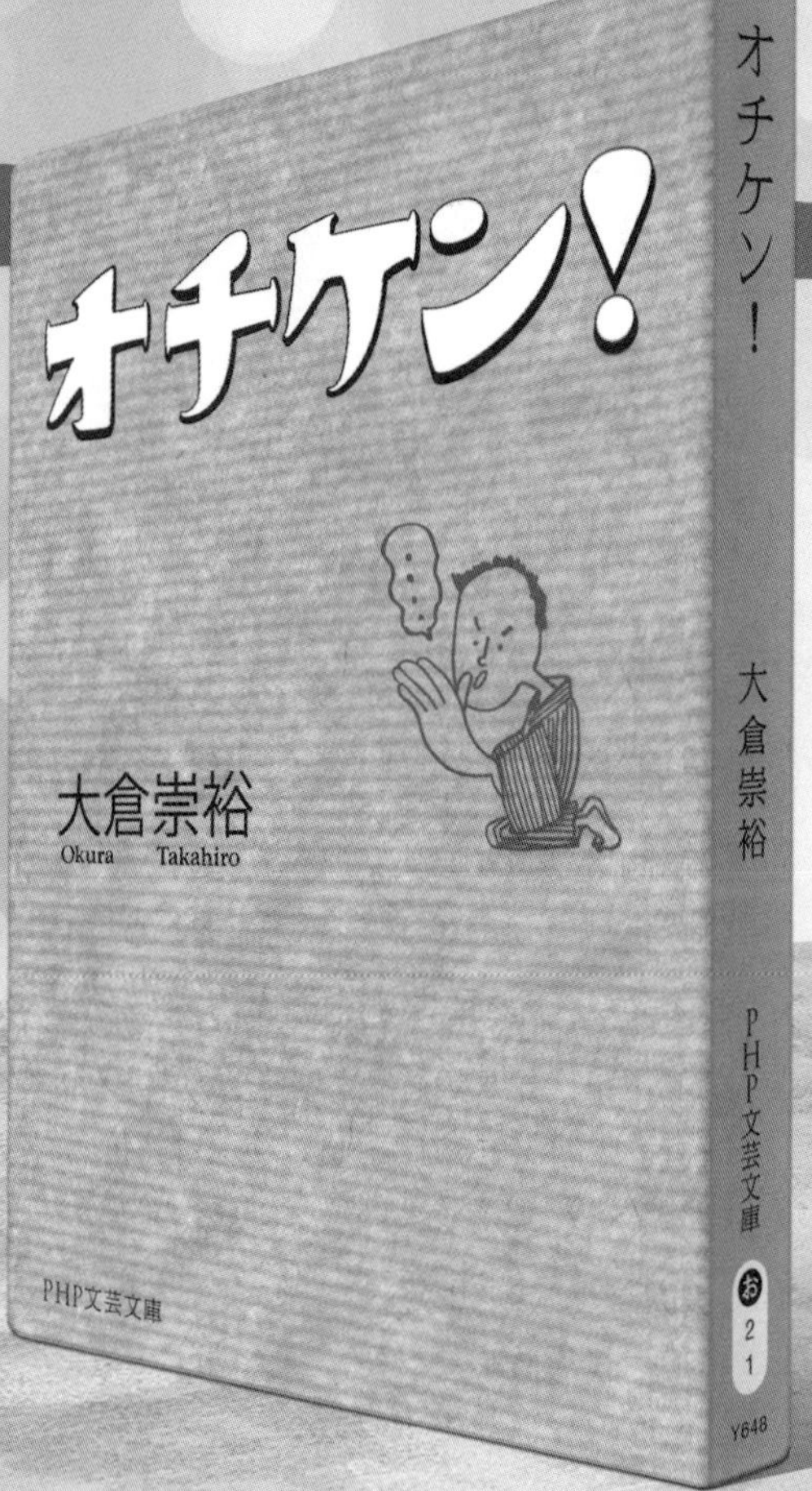

『オチケン！』

著者／大倉 崇裕
刊行／PHP研究所
価格／648円＋税

今月の1冊

サクセス書評

1月号

「越智健一でオチケンかぁ。よくできてるよねぇ。ウフフフ」。

落語を実際に聞きに行ったことがある人はどのくらいいるだろうか。普段の生活にはなじみがない人が多いんじゃないかな。

この小説の主人公・越智健一も、まさにそんな1人だ。

東京にある架空の大学・学同院大学に入学したばかりの越智は、入学式の日に学内で学生証を落とし、それを拾ってくれた学同院落語研究会の部長・岸弥一郎に目をつけられ、なかば強引に入部させられてしまう。

本人の意思とは関係なく、「新入部員」という既成事実があっという間にできあがっていく。たまらず越智が岸になぜ落語にまったく興味のない自分に白羽の矢を立てたのかを聞いたところで、岸が口にしたのが冒頭のセリフ。

そう、ただ名前を略すと「オチケン」になるから、という理由で無理やり入部させられてしまったんだ。

それにしても、なぜ「オチケン」が「よくできている」のだろうか。

じつは「落語研究会」は色々な大学に存在していて、一般的には「落研」と省略される。そして、それは「ラクケン」ではなく「オチケン」と読むんだ。

確かに落研に入部すべくして入部したような名前だけど、越智は落語のことはまったく詳しくないうえに、入部早々から部室にまつわるトラブルに巻き込まれてしまう。

学同院大の文化部には大学公認の文化部と、未公認の文化部があり、来年には3つの未公認文化部が公認される予定だという。しかし、すでに文化部用の部室はいっぱいで、その3団体は公認されても部室が使えない。そこで3団体から狙われているのが、越智が入部したことで、廃部をまぬがれる「部員3人」をクリアした落研だった。

次々と落研に襲いかかる落語も絡んだ陰謀を、とくに取り柄がなく決断力もない越智と、謎が多いほかの2人の落研部員はいかに解決していくのだろうか。肩の力を抜いて、ゆるりと読んでみてほしい。

サクセスシネマ

SUCCESS CINEMA vol.59

あなたの夢はなんですか？

リトル・ダンサー

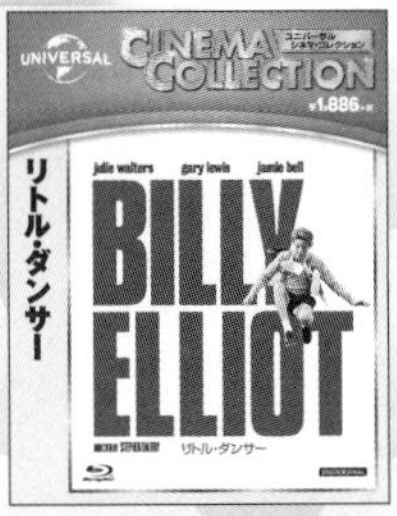

2000年／イギリス
監督:スティーヴン・ダルドリー

『リトル・ダンサー』
Blu-ray発売中
1,886円＋税
発売元:NBCユニバーサル・エンターテイメント

バレエに魅了された少年の夢

舞台は1984年のイギリス。当時女性のものとされていたバレエに魅入られた11歳の少年が主人公です。

母を亡くし、祖母と父、兄と暮らすビリー。貧しいながらも父は、ビリーに強くなってほしいとボクシングを習わせています。そんなある日、ボクシング教室と同じホールでバレエ教室が開かれました。初めて見るバレエに興味を持ったビリーは、練習に参加し、その虜《とりこ》となります。そして、ボクシングを辞めバレエダンサーになることを夢見るのです。少年が女の子に混じって練習する姿は微笑ましく、喜びや怒りという感情をぶつけながら夢中で踊るビリーのダンスは必見！

しかし、家族に黙ってバレエ教室に通っていたことがばれ、父は激怒。ビリーの夢はいったいどうなるのでしょうか。夢を追いかけ、かなえるためには、才能や努力だけでなくお金が必要だという厳しい現実も描かれていますが、だからこそ、周囲の人々の思いやりやサポートが非常に温かく感じられます。ビリーに対する家族の葛藤と愛情が描かれた感動のストーリーです。

世界最速のインディアン

2005年／ニュージーランド、アメリカ
監督:ロジャー・ドナルドソン

『世界最速のインディアン』
DVD発売中
1,886円＋税
発売元:ハピネット
©2005 W FI Production Ltd.

スピードを追い求めた男の実話

「インディアン」とは、アメリカの会社が製造したバイクのこと。1967年に行われたスピードレースの1000cc以下の部門で、時速約300kmという世界記録を出しています。しかもその記録は当時67歳の男性によって樹立されました。本作はその実話に基づいた物語です。

ニュージーランドに住むバートは、40年以上も昔に買ったインディアンでスピードレースに参加し、世界記録を出すことが夢。年金暮らしのため最新の装備を買う余裕はありませんが、独自のアイディアと工夫で改良を続け、スピードを極めていく技術は見どころの1つです。

そんなバートが夢をかなえるべく意を決して、レースの開催地アメリカへ向かいます。彼を支える人々との出会いと触れあいが感動を誘います。ハプニングに見舞われながらも真っすぐに夢を追うバートは少年のようで、応援せずにはいられません。また、見逃せないのはインディアンの爆走シーン！ 迫力満点です。

夢をみるのに遅すぎることはない、夢を持ち続けることが、どれほど人生を豊かにするかを教えてくれる映画です。

天国へのシュート

2004年／オランダ
監督:ヨラム・ルーセン

『天国へのシュート』
DVD発売中
2,800円＋税
発売元:株式会社オンリー・ハーツ
©2004 In Oranje BV

深いきずなで結ばれた父と息子

サッカーが国民的スポーツであるオランダ。ワールドカップやヨーロッパ選手権では国をあげてチームを応援し、サッカーのプロ選手になることを夢見る少年が多くいます。この物語の主人公レムコもその１人です。

レムコはサッカーのクラブチームに所属しながら、かつて同じ夢をみていた父エリックからも指導を受ける12歳の少年。試合になるとサイドラインで息子に大声で指示をとばす情熱的な父と、２人を見守る母と妹に囲まれ、レムコはサッカーに明け暮れる日々を過ごしていました。しかし、あるとき家族に悲劇が訪れます。大好きなサッカーもできなくなるほどの深い悲しみにくれるレムコを元気づけたのは…。

練習や試合のシーンから、父を尊敬し心の支えとしているレムコと、息子が夢をかなえられると強く信じるエリックの気持ちがストレートに伝わってきます。また、悲しみを乗り越えて強く成長するレムコの姿に胸を打たれます。同じ夢をみる親子２人の深いきずなが感じられ、心が温まります。

清新なる価値の創造

桐朋中学校　桐朋高等学校

〒186-0004　東京都国立市中3-1-10

TEL(042)577-2171(代)／FAX(042)574-9898

インターネット・ホームページ　http://www.toho.ed.jp/

なんとなく得した気分になる話

生徒　先生

身の回りにある、知っていると
勉強の役に立つかもしれない知識をお届け!!

葛根湯《かっこんとう》医者

おっ、君、マスクしてるね。風邪かい？

寒くなってきて周りの友だちが風邪をひいているから、予防にね。

えらいなあ。「備えあれば憂いなし」だ。

それなあに？

普段から準備しておけば、いざというときに慌てないということだよ。

あっ、予防ね。

それを「備えあれば憂いなし」って言うんだよ。

それにしてもマスクは暑い。マスクしたくないなあ。

確かに。でも予防が大事だから我慢してマスクだな。

それでも風邪をひいたら？

薬を使うんだ。

なんにでも効く薬ってないのかな。薬を選ぶのも大変なんだよね。

病院に行って、薬をもらえばいいじゃないか。

この時期は、病院に行く方がかえって風邪をもらってくることになるよ。

確かにね。あっ、思い出した！

なにを思い出したの？

なんにでも効く薬！

あるの？

あるある！

どこに？

落語の世界に！

落語の世界???

そう、「葛根湯医者」だ。

葛根湯医者？　あの漢方薬の葛根湯？

そうだ。この医者は、患者から頭が痛いと言われれば、「それを頭痛といって葛根湯がいい」と言い、患者からお腹が痛いと言われれば、「それを腹痛といって葛根湯がいい」と言い、患者から足が痛いと言われれば、「それを足痛といって葛根湯がいい」と言い、あげくの果てに患者の付き添いにまで「葛根湯をまず飲みなさい」と言う始末。

で、その結果は？

それがまんざらウソではなく、効いてしまう患者もいて、治るらしいと。

ぼくも葛根湯を飲めばいいかな？

君はまだ風邪をひいてないじゃないか。

だから予防にだよ。

まあ確かに葛根湯は、風邪の初期症状のときに効果を発揮するらしいんだ。風邪は、初期に発汗することで早く治るそうだ。葛根湯には、この発汗作用があるらしいので、効くことがあるというわけなんだよ。

じゃあ予防に効果があるわけだから、マスクをする代わりにこの葛根湯を飲もうかな。

いや、それはダメだ。マスクはした方がいい。外のウィルスを体内に入れないことが大事だからね。でもそれ以前に、うがいと手洗いが先決だ！

うがいと手洗い？

外に行くときはマスクをして、外から帰ったらうがいと手洗い。

それ、保健室の前にも書いてあるよ。

それぐらい大事なことなんだぞ。

まるで先生は「マスクうがい手洗い医者」だね。なんでもかんでもマスクうがい手洗いだもんな…。

それでも風邪をひくんだから、気をつけないと。

でも結局風邪をひいたときは？

葛根湯だよ。

じゃあ、最初から飲もうよ！

いや、マスクうがい手洗いだ！

こりゃ、違う病に侵されている！

Q 入試直前期に取り組むべきは得意科目か不得意科目か。

いよいよ入試が近づいてきました。入試直前期には、得意科目をやった方がいいのか、それとも不得意科目をやるべきなのか…。どちらに取り組んだ方がいいのかわからず悩んでいます。教えてください。

（世田谷区・中３・HK）

A どちらの科目もバランスよく勉強しましょう。

入試が日に日に近づいてくると、色々と心配ごとも増え、「どの教科に手をつけたらいいのか…」と迷うこともあるのではないでしょうか。

さて、得意科目と不得意科目、どちらを優先すべきかですが、個人差があるため、一概にどちらを優先すべきとは言えません。むしろ、両方を並行して進めることが理想だと思います。というのも、入試は総合点での勝負ですから、トータルでどれだけ点数がとれるかが課題となります。得意科目でできるだけ多くの得点をとり、不得意科目での失点をできる限り小さくすることが合格への近道なのです。

そういう理屈は十分理解していても、得意科目を勉強していると、不得意科目が気になってしまう人もいるでしょう。

そこでおすすめなのが、得意科目と不得意科目を交互に勉強する方法です。まずは取りかかりやすい得意科目から勉強します。そして、不得意科目は短時間であってもいいので、マスターしきれていないと思える分野の復習、再確認をしてはどうでしょうか。

忘れないでほしいのは、入試直前期は新たなことを勉強するよりも、これまでの復習に力を入れることの方が有益だということです。残された期間、振り返りに力を入れて頑張って勉強してください。応援しています。

Success Ranking

国別男女格差指数ランキング

今回は、2014年のWorld Economic Forumによる世界男女格差レポートを見てみよう。国別に経済・教育・政治・健康の４分野の男女比をスコア（最大スコアは１「平等」で、最低スコアは０「不平等」）にまとめたもので、日本は104位と、男女間の格差についてはまだまだ課題が多そうだ。

世界男女格差レポート

順位	国	地域	スコア
1	アイスランド	ヨーロッパ	0.8594
2	フィンランド	ヨーロッパ	0.8453
3	ノルウェー	ヨーロッパ	0.8374
4	スウェーデン	ヨーロッパ	0.8165
5	デンマーク	ヨーロッパ	0.8025
6	ニカラグア	北アメリカ	0.7894
7	ルワンダ	アフリカ	0.7854
8	アイルランド	ヨーロッパ	0.7850
9	フィリピン	アジア	0.7814
10	ベルギー	ヨーロッパ	0.7809
11	スイス	ヨーロッパ	0.7798
12	ドイツ	ヨーロッパ	0.7780
13	ニュージーランド	オセアニア	0.7772
14	オランダ	ヨーロッパ	0.7730
15	ラトビア	ヨーロッパ	0.7691
16	フランス	ヨーロッパ	0.7588
17	ブルンジ	アフリカ	0.7565
18	南アフリカ	アフリカ	0.7527
19	カナダ	北アメリカ	0.7464
20	アメリカ	北アメリカ	0.7463
21	エクアドル	南アメリカ	0.7455
22	ブルガリア	ヨーロッパ	0.7444
23	スロベニア	ヨーロッパ	0.7443
24	オーストラリア	オセアニア	0.7409
25	モルドバ	ヨーロッパ	0.7405
26	イギリス	ヨーロッパ	0.7383
27	モザンビーク	アフリカ	0.7370
28	ルクセンブルク	ヨーロッパ	0.7333
29	スペイン	ヨーロッパ	0.7325
30	キューバ	北アメリカ	0.7317
30	アルゼンチン	南アメリカ	0.7317
32	ベラルーシ	ヨーロッパ	0.7300
33	バルバドス	北アメリカ	0.7289
34	マラウイ	アフリカ	0.7281
35	バハマ	北アメリカ	0.7269
36	オーストリア	ヨーロッパ	0.7266
37	ケニア	アフリカ	0.7258
38	レソト	アフリカ	0.7255
39	ポルトガル	ヨーロッパ	0.7243
40	ナミビア	アフリカ	0.7219
104	日本	アジア	0.6584

※2014年　World Economic Forum

精神科医からの処方箋

子どものこころSOS

大人の知らない「子どものこころ」。そのなかを知ることで、子どもたちをめぐる困難な課題を克服する処方箋を示唆。気鋭の精神科医・春日武彦が「子どものこころ」を解きほぐし、とくに受験期に保護者がとるべき態度や言動をアドバイスします。

A5版　224ページ
定価　2,000円＋税
ISBN4-901524-80-1

精神科医

春日 武彦　著

「率直に言って、受験を迎えるお子さんがいるご家庭においては、親子ともに『こころの健康マネージメント』が必要だと感じています。しかし、これを実際におこなっていくのは、なかなかむずかしい。本書は、現実生活のなかでどう対応したらよいのかを、学説や教育論ではなく、こころに届く絶妙な筆致で綴った得難い一冊です」（教育評論家・森上展安）

子どもの
こころ？

受験期には
どう接すれば
いい？

子どもと
うまく
つきあいたい

★ご注文方法
本書は一般書店にてお買い求めになることができます。万が一、書店店頭に見当たらない場合には、書店にてご注文のうえ、お取りよせいただくか、弊社営業部までご注文ください。ホームページからもご注文いただけます。

株式会社 グローバル教育出版
〒101-0047 東京都千代田区内神田２－４－２　グローバルビル３階
TEL：03-3253-5944（代）　FAX：03-3253-5945

Educational Column

15歳の考現学

よりフェアで公平性が高い
高校推薦入試の制度を模索したい

私立 INSIDE

私立高校受験

推薦入試で問われる
作文と面接のポイント

公立 CLOSE UP

公立高校受検

公立高校入試展望2015
【神奈川編】

BASIC LECTURE

高校入試の基礎知識

入学願書で
進学希望を意思表示する

受験情報

東京都立

都立高校募集人員は200人減

東京都教育委員会が2015年度の都立高校募集人員を発表した。募集を行う全日制の学校数は変わらず173校。募集人員は4万2225人で、前年より200人減となる。内訳は、普通科15校で各1学級減らす一方、同10校で各1学級を増やして5学級ぶん、200名を減らす。

進学指導重点校では、昨年1学級増やした**戸山**、**国立**は8学級に戻るが、これまで7学級だった**青山**が8学級に増やす。

小松川、**江戸川**、**文京**は8学級から9学級になる。

国際に開設される国際バカロレアコースは日本人生徒が15人（4月入学）と3人（9月入学）、外国人生徒が5人（4月入学）と2人（9月入学）の計25人の募集となる。

神奈川公私立

神奈川私立高校で書類選考増加

神奈川の公立入試が一本化して3年目となる2015年の入試は、学力検査日は2月16日となり、2014年度の2月14日から2日繰り下がった。

なお、2014年度から出願と志願変更の間隔が広くなり、県ホームページで発表される出願時点の倍率を見て、志望校を変更するかどうかをじっくり考えられるようになっている。

神奈川私立の一般入試では「書類選考」を導入する学校が増加している。「書類選考」とは、学力検査も面接も行わずに、中学校の調査書など出願時に提出する書類のみで選考するシステム。別学の**桐蔭学園**、女子校の**緑ヶ丘女子**、共学校の**麻布大附属**、**横浜創学館**などが新たに導入する。

15歳の考現学

よりフェアで公平性が高い高校推薦入試の制度を模索したい

高校の合否に業者の偏差値が利用されているという告発

11月4日付朝日新聞は、9月末に行われた文部科学省の記者会見で触れられた、河合塾ユニオン（労働組合）の会見内容を含めて、私立高校入試の合否に、偏差値が使用されていることについての解説記事をスペースをとって掲載しています。

そもそも河合塾ユニオンの記者会見というのは、河井塾の職員として業務上知り得た事実として私立高校の実名をあげ、塾や本人が模試偏差値を持って行って、学校側から合否の感触を探る行為がなされている、という告発が含まれていました。

朝日新聞の記事はその記者会見の内容をなぞりつつ、偏差値で高校入試の合否が話しあわれることが一部の私立高校で慣行化している事情をふまえ、その背景に触れています。

記事は、学校の本来の成績が絶対評価になって、学校間の格差が見えにくくなり（5がつきやすくなっている事情がある）、内申が学力評価として十分機能していない。そこで、模試などでの相対評価が各々の所属中学校を越えて、より客観的評価として合否判断の参考にされている、という事情を明らかにしています。

そしていわゆる識者の言として、こうした現実があるのなら、そのことについてもっと論じられてよい、と結ばれていたように思います。

実際の話として絶対評価といっても、その評価のもととなる中間・期末テストは、1人ひとりの教員の自らの指導に基づいて作るもので、評価基準そのものは共通化していても、教師個々の判断にそのほとんどは委ねられますから、当然甘くなりがちです。教師の高い職業倫理に委ねられているといってよいのです。

その絶対評価を、入試の選抜に使用するとなると、学校を超えた規範性が求められますから、こうしたプロフェッショナル意識に頼った評価だけではおのずと公平性に疑問が生じます。そのために会場模試や塾内模試の偏差値（相対評価）を参考資料としたいという学校が相当数ある、という現状につながります。

じつは私立高校が学力試験で合否を決めることができる一般入試の対象者はきわめて限られます。公立校よりハンデ（授業料が高い）があるぶ

森上《もりがみ》 展安《のぶやす》

森上教育研究所所長。1953年、岡山県生まれ。早稲田大学卒業。進学塾経営などを経て、1987年に「森上教育研究所」を設立。「受験」をキーワードに幅広く教育問題を扱う。近著に『教育時論』（英潮社）や『入りやすくてお得な学校』『中学受験図鑑』（ともにダイヤモンド社）などがある。
教育相談、講演会も実施している。
HP：http://www.morigami.co.jp
Email：morigami@pp.iij4u.or.jp

んだけ、学校は推薦入試で早々と合否を決めたい、そのための内申判断ですが、内申の学力判定が十分に機能していないということなのです。

入試制度そのものを是正しなければ解決しない

さて、この問題はじつは大学入試にもつながるのです。過日、京都大が、特色化入試導入にあたり事前の調査として各高校の評定と、入学後の成績との相関を調べたところ、残念ながら、相関がとれなかった、というエピソードを耳にしました。

やはり、なにも高校入試だけではないのですね。本来、入学後の成績と、選抜の成績は相関がとれるべきで、とれなければそれは選抜の失敗ということなのですから、高校の成績だけで選抜をやると、京都大としては現在の質を保てない、ということになるわけです。

じつは聞くところによると東京大でも入試の成績と、入学後の成績の相関をとっているそうです。現在の入試問題もその継続的調査のうえに考えられている、ということですね。

今後、難関大学で大きく増える予定の推薦入試ですが、こういう経緯をみると、やはり学力を担保するなんらかの仕組みが必要といわざるをえません。

具体的には、達成度テストを現在の大学入試センター試験に変えて実施する案が浮上していますが、その内容については、合科方式、総合方式を含めているように、現在のテストのようなクローズドエンドの答えが1つではなく、オープンエンドつまり多様な答えを許容するテストが一方の主流になろう、としています。

従来の「答えが1つ式」の教科別テストも残すそうですから、大学によって選べるところと、選べないところが出てきそうではありますが、一斉テスト自体は残るのですね。

したがって高校入試にあっても、こうした一斉テストが考案されれば、内申に加えて、評価基準が統一されたなんらかの外部のテストを受け、それが合否の参考になることに不都合はないはずです。

ただ、大学入試センターが作るテストやら、英語のTOEFLなどのテストは信用がありますが、高校入試で行われる民間のテストは、そこまでの信頼性があるのか、ないのか。

やはりこれは、各高校がそろった参考資料を用いるのであれば、入学後の成績を追跡してみることですね。過去数年の追跡なら、そんなに大変なことではないでしょう。

こうした証拠に基づいた評価をして、これを公表し、受験生に、そして中学側に伝えていく、という努力が欠かせないと思います。

残念なことに、絶対評価が悪者のようになっていることが、むしろ問題です。

精度の高い絶対評価を作り、これをみんなで利用して盛り立てることです。相対評価のテストを作り、偏差値を出してよし、としているのは粗雑なやり方で、推薦入試の趣旨にももとります。多様な個性を認めてこれを育てるためには、その個性の強みやよさを測定する絶対評価テストがなによりも理にかなっています。それはペーパーテストでなくてよく、コンクールやコンテストでよいのです。そもそも表現力をみる、という趣旨ならペーパーより表現や作品がよいのですから、手をかけて推薦入試制度の設計を高校側が模索すべきです。

そういう意味で河合塾ユニオンの告発は、単に偏差値を用いているのが悪い、というのではなく、制度設計に欠陥がある、といっていただきたかったと筆者などは思います。

一方で、偏差値に沿って早くに内定するということは一般入試の学力評価と同じ相対評価基準で判定することなので、要は青田買いです。

率直に言ってルール違反です。このルール違反にはグレーゾーンがかなりあって、まして紳士協定であって取り締まる機関はないのですから、それを告発しても受け止めるところがない、ということで、ニュースにもなりにくかったのですね。

では、どう告発すれば少しでも解決に近づけたのでしょうか。

これも高校と同じで、自らの塾の成績評価と、入学した学校での河合塾OB・OGの成績の相関をとって、こんなにもわが塾の成績評価は入学後の成績と高い相関を示している。だから、大いに活用してほしい——とは言えないにしても、学校の内申の非相関と合わせて示せば耳目を集めたに違いない。内申評価のあり方を含めて一石を投じられただろうに、と思います。

フェアでないことを人材選抜で行うことは、社会を不健全にします。新聞ならそこをつかなければ使命を果たせない。識者にもっとオープンに、と言わせるだけでは「百年河清を待つ」ことになると思いました。

推薦入試で問われる作文と面接のポイント

いよいよ入試が近づいてきました。なかでも最も早く始まるのが私立高校の推薦入試です。私立の推薦入試当日には、多くの学校で「小論文・作文」と「面接」が行われます。今回はこの2つの課題について、当日の心がまえや注意すべきポイントをお話しします。前日にもこのページを読んでリラックスして試験に臨みましょう。

作文のポイント

増えてきている「課題作文」という形態

私立高校の推薦入試では「小論文・作文」を課す学校が多くあります。ここでは、いまからでも間に合う作文のコツを並べてみます。

作文の出題は、タイトルやテーマが与えられて書くものと、「課題作文」といって、短い問題文を読んでからその感想や意見、要約などを求められるものとがあります。

最近は「課題作文」形式が多くなっていますが、いずれも字数指定は250~400字が一般的です。

テーマ型の場合は、「あなたの長所と短所について」「中学3年間で達成したこと」「春、夏、秋、冬の季節のうち、あなたが最も好きな季節について、原稿用紙に300字以内の文章を書きなさい」など、そのテーマは短いことが多く、自分の経験や考えに基づく自己表現、自己評価、自らの意見などを書かせるものが多くなっています。

次に「課題作文」形式の場合の問題文の例をあげてみると、

「学校の図書館の利用を活発にするために、新しいコーナーを設けることになった。そのコーナーにどんなものを置くかについて委員会で話しあったところ、次のような案が出された。あなたならどの案を選ぶか。選んだ案について、あなたの考えを書きなさい。①授業に役立つ本や資料。②文学や歴史などのマンガ本。③文学作品の朗読テープ。④SFや推理小説などの本」

「あなたの中学校に新しい1年生が入学してきます。1年生はさまざまな不安も抱えているものです。あなたは、そんな1年生が充実した中学校生活を送るためにはどうしたらよいか、そのアドバイスを300字以内にまとめなさい」

などといった課題や、世論調査のデータなどを読み取ってまとめる問題などです。

これらの「課題作文」は、問題文への読解力も試すことができ、作文に書かれるべきポイントを先に設定しておけば、評価を点数化することも可能なので、各校が採用するようになってきたのです。

どのような基準で評価されるのか

学校側も1人の先生がすべての作文に目を通す時間はありませんので、基準を設けて公平性が保たれるように評価しています。

作文における学校側の評価基準には、次のようなポイントがあります。

①国語の基礎力…漢字や語句、文法の知識。

②表現力・読解力…どのような思考過程か。

③自主性・積極性・協調性・向上意欲…責任感や明るさが感じられるかどうか。

④態度・人柄・ものの見方…学力を離れた個性・姿勢。

これらをポイントに、学校側は作文から受験生の人間性や人格などをみようとしているのです。

では、どのようにすれば、評価される作文を書くことができるのでしょうか。

例えば「課題作文」には読解力も必要ですが、ただ読み取れればいいというものではありません。読み取った内容を作文として表現するには、そこから発展させて自分の意見をまとめる力、さらにそれを文章にして表現する力が必要です。

よく「作文はなにを書いたらいいかわからない」という受験生がいますが、「課題作文」は、その「なに」の部分が初めからあるのですから、ある意味、「書きやすい」のです。

合格する作文を作成するために

では、どのような手順で書いていけば、合格する作文を提出することができるのでしょうか。

①「テーマを決める」

時間内に指定字数を埋めなければならないのですが、やみくもに書けばいいわけでもありません。必ず書き始める前に、なにを書くか、つまり、出題された課題について自分なりのテーマを考えます。

書き始めると色々なことが頭に浮かび、話があちこちに飛んでしまう場合があります。それでは結局なにが言いたかったのか、読んでいる先生にはあなたの主張が伝わりません。試験時間も限られていますので、初めから書き直すというのは大きな時間のロスにもなります。

それを避けるためにも、まずなにについて、どう書くかを決めてから書き出すことが重要です。

自分がなにについて書くか、タイトルをつけたり、ポイントを箇条書きにしておくのもいいでしょう。

また、あまりに大きなテーマや、曖昧なテーマにせず、身近な事例や具体性のあることで書けば、短時間に書き進めることができます。

②「構想と段落を考える」

なにを書くかが決まれば、それをどのように書くかを考えます。まず、主張がよりわかりやすいように心がけます。字数が限られていますから、書き始めや文章の終わり方を考えてから書きましょう。

指定された字数をオーバーしないことはもちろんですが、少ないのもNGです。指定の字数に限りなく近いことが条件です。ただ、解答用紙が埋まらないからといって、だらだらと書いてしまっては、言いたいことのポイントが薄れてしまいます。

③「一文はなるべく短めに」

読み手にとって文の内容がわからなくなるのは、1つの文が必要以上に長い場合です。

文が長いと、主語、述語の関係や、修飾語がどこにかかっているのかわかりづらくなるからです。

文章を書く技術として、適切な場所に「、」を打てば意味の取り違えはなくなりますが、それよりも短い文を2つ並べた方が、意味が伝わりやすい文となります。

④「文体をそろえる」

「です・ます調」（敬体）か「である調」（常体）かは必ず統一します。

敬体と常体のどちらを使うかはとくに問題ではありません。「である」と文を区切るのが偉そうで嫌だというのであれば、「です」で終わればいいでしょうし、どちらがいいということはありません。

しかし、文章のなかで混在すると、1つの文章である、というまとまりが感じられなくなってしまいます。

⑤「誤字・脱字はNG」

与えられたテーマをよく理解し、全体的に言いたいことがよくわかる文章でも、誤字や脱字があればNGです。同音異義語などを使う場合にはとくに注意をしましょう。誤字は減点対象です。どうしても思い出せない漢字、自信がない漢字はひらがなで書いた方が無難です。

⑥「見直し」

短文を書くのが「作文」ですが、試験時間は、決して長くはありません。時間配分は大きな要素です。問題文を読むのに何分、書く時間は何分ぐらいか、ということを自分が書くスピードから逆算して頭に入れておきましょう。

そして、さらに大切なことは「見直し」の時間を5分間取っておくことです。「見直し」によって誤字や脱字に気がつきますし、全体を読み返してみると話のつながりや、わかりにくさにも気づきます。時間的余裕があるなら書き直しましょう。

上手な文章を書けるようになるには

すでに推薦入試が近づいたいま、なにより大切なのは、率直に自分自身の考え、意見で文章を書くということです。そのために推薦入試までの残された時間、新聞のコラムを読んで短文に要約したり、その記事そのものに対する意見を書いたりしてみましょう。

うまく書けているかどうかわからないときに、人に見せるのは恥ずかしいと思うかもしれませんが、身近な家族や塾の先生に読んでもらいましょう。「聞くは一時の恥。聞かぬは一生の恥」です。

よりよい自分の文章を試験官に見てもらうためにも、読んでくれた人の感想を素直に聞き、次に書くときの参考にしましょう。

面接のポイント

入学後3年間の生活を問うのが「面接」

私立高校の推薦入試の多くで面接が実施されています。一般入試でも面接を行う学校が多くあります。

「面接は参考程度」という学校も多いのですが、それでも度を過ぎた髪型や失礼な態度での受験では評価は得られません。

例えば一般入試で1次試験と2次試験があり、2次で面接試験を行う学校などは、面接をきわめて重視しているということです。

面接を重視する学校は面接時間も長く、さまざまな質問が出ます。志望校の面接がどのように行われるのか、事前に調べておきましょう。

では、面接ではなにを問われることになるのでしょうか。じつは、各校の面接の目的は、その受験生が入学したとして、その学校で3年間の学校生活をうまく過ごしていけるかどうかをみることなのです。

ですから面接にあたる先生は、もちろん、その学校の先生です。

つまり、先生自身がこの生徒と、「これからの3年間をいっしょにやっていけるかどうか」という目でみているわけです。

受験生側からみても、進学後に「この学校、思っていたのと違うな」と、ミスマッチが起きた場合には、つまらない3年間を送らねばなりません。「面接」も入試の重要な一部分だということがいえます。

入試は、合格することだけがすべてではありません。自分と学校の相性を見極めるための作業だということも頭に入れてください。

評価される「人柄」「意欲」服装や態度にも気配りを

このように学校側は、入学して3年間を真摯に過ごすことができる受験生を選びたいのです。ですからまず、その人柄や性格を知ろうとします。その手がかりとして、意欲、熱意や基本的な生活態度、言葉づかいなどをみます。

受験生側としては、志望校の教育方針、志望学科の内容をよく理解しておくことが、面接対応として、最低限やっておきたいことです。

また、受け答えでは、礼儀正しく、率直な態度を心がけましょう。服装についても、清潔な印象の服を選び、制服の場合もきちんとした着こなしで出かけてください。

面接は、非常に短い時間のなかで行われますし、グループ面接という学校もあります。

短い時間のなかで、1人ひとりのすべてがわかるわけではありません。それでも、学校側はさまざまな面から受験生を判断しようとします。

面接も入学試験の一部ですから、評価方法は学校によってさまざまですが、点数がつけられ、評価されています。

その評価は、あくまでも高校側の合格基準にどれだけあてはまる受験生であるかということが基準となります。評価は、学校の成績のように5段階で評価したり、A、B、Cといった3段階で行っている学校もあります。

面接官が見ているのは、端的に言えば「教えやすそうか」、「人の言うことを素直に聞いてくれそうか」といった、初対面での印象です。

「面接で聞かれるのは中学時代の3年間のこと」と思っている人が多いようです。ところが、聞かれることはそれだけではありません。

じつは、面接官は、その返答の内容をそれほど重視しているわけでもないのです。その内容よりも、その返答をする態度や、入学後の意欲などをみています。

例えば「中学時代はどんな学校生活を送りましたか」という質問でも、その受け答えを通じて、その後の3年間を判断しているのです。

事前に考えておきたい 高校生になったときの自分

面接の前にちょっと考えておいてほしいことがあります。

自分なりに、その高校でどう過ごして、将来の自分にどのようなイメージを持っているのか、自分なりの未来像を描いてみましょう。

そうすることによって、「中学時代のこと」に対する受け答えをしていても、返答に深みが出ます。

たとえば一般入試で、合否のボーダーラインとなった場合、面接点によって合格・不合格に振り分けられる可能性もあります。

ボーダーライン上に何人もが並んでいるとき、面接結果を参考に「意欲がある」「人柄」などで、好印象を与えた受験生を優先することは当然ともいえます。

また面接は、面接会場に入ってからだけでなく、控え室で順番を待っている態度もしっかりチェックされていると考えた方がよさそうです。

入学願書の提出窓口でチェックをしている学校もあるといいます。

面接の待ち時間は、指定された場所で本や参考書を読むなどして静かに待ちましょう。

歩き回ったり、友だちとのおしゃべりは慎むべきです。静かにしているとはいえ、イヤホンで音楽を聴くのも感心しません。また、乱暴・軽率な態度にも注意しましょう。

とくに、面接が終わったあと、まだ控え室にいる友だちと言葉をかわすのは厳禁です。これは、面接時の質問内容や雰囲気などが、事前にこれから面接する受験生に漏れてしまう可能性があるからです。その場合は試験の公平性が保てません。

トイレに立つなど席を離れたいときは、必ず係の先生に断ってから席を立つようにします。

言葉はハキハキ 明るい印象を心がける

では、具体的にはどんな質問を投げかけられるかについて、少し触れたいと思います。大きく分けると、「客観的事実」「中学生活」「高校生活」「自分・家族・友だち」「ニュースへの関心」「志望動機・理由」です。

「客観的事実」とは、受験番号や名前、中学の校長先生の名前など。

「中学生活」とは、中学時代をどのように過ごしたか。

「高校生活」は、合格後の自分をイメージできているか。

「自分・家族・友だち」では、自己評価、家族や友だちへの思い。

「ニュースへの関心」では、最近のニュースを知っているか、そのニュースを聞いて感じたこと。

「志望動機・理由」はその学校を選んだ理由です。

受験生を困らせるような質問はありません。もし、質問の意味がわからなかったら「もう一度お願いします」と問い返せば、さらにかみ砕いて質問してくれます。わからないことはあいまいにせず、はっきりと「わかりません」と言った方が印象はよくなります。決してウソで答えることはしてはいけません。

前述したように、その返答の内容よりも、返答をする態度がみられているのです。

■面接時のポイント

ここで、面接時のポイントをまとめておきます。

【意欲】志望動機理由を聞かれたときなどには、高校生活への意欲や入学への熱意を積極的に伝える。

【服装・髪型】清潔な印象を与えることがポイント。中学生らしさを意識する。ピアス、茶髪などは自ら不合格を望んでいるのと同じです。

【礼儀・態度】おじぎ1つで印象が違います。しっかりと立ちどまり姿勢を正して、おじぎするようにします。自分が話すときだけでなく、試験官の質問を真剣に聞く姿勢も大切です。グループ面接の際には、自分が指名されていないときの態度も重要です。

【言葉づかい】小声や早口に気をつけましょう。返事は歯切れよく、「ハイ」「イイエ」。語尾は「…です」とはっきり。「あの〜。その〜。」にならないよう注意します。なれなれしい友だち言葉や流行語は禁物です。明るい印象を心がけます。

【性格・人柄】面接のときだけ「よそいき」の話し方をしても、どうしても人柄は出てしまうものです。普段の自分を率直に出した方が、かえって誠実な印象を与えます。

【学校の教育方針に対する理解】面接の前日に、学校案内に目を通しておきましょう。併願校との勘違いに注意します。

公立高校入試展望2015【神奈川編】

安田教育研究所 代表 安田 理

神奈川県では入試機会が一本化されてから３年目を迎えます。新制度２年目の２０１４年度も受験生は慎重な選択をする傾向が強く、実倍率は初年度の１・17倍から１・18倍とわずかしか上がりませんでした。２０１５年度は、中学卒業予定者数の減少をふまえた公立の募集数削減が穏やかなため、平均実倍率は緩和する可能性があります。

入試機会の一本化と公立離れ

２０１３年度から神奈川の公立高校入試制度は大きく変わりました。

制度が変更された初年度は受験生側の不安感が強く、安全志向が働きました。加えて、人口増加の割合を上回る公立全日制高校の定員増があったため、実倍率は２０１２年度後期の１・40倍から１・17倍に緩和。新制度導入２年目の２０１４年度には前年の反動で公立志向の高まりが予想されました。

しかし、受験生の安全志向は強く、加えて人口増加率を上回る割合で募集数を増やした結果、実倍率は１・18倍とわずかな上昇でした。

３年目の２０１５年度は人口が約８００人減少するのに対し、募集数は４６０人しか減らさないため、公立高校を受験する割合が変わらなければ緩和する可能性が高いです。

募集減少率は横ばい

２０１５年度の公立中学卒業予定者数は８２５人減の約６万９７５０人。前年比で１・１％減っています。

一方、公立高校では４６０人減の４万３５００人を募集の予定で、前年比で１・０％と人口の減少率とほぼ同じ割合の減少です。

募集数の増減について、神奈川県では３年連続で少しずつ募集枠を拡大してきました。２０１５年度はさらに広げる印象は薄いものの、割合としては拡大した募集枠を維持しています。

受験生数の推移では、一般的に隔年現象が見られるものですが、新制度導入後３年目にあたる２０１５年度は前年の増加の反動で減少する年にあたります。とはいえ、２０１４年度の増加の割合がわずかだったため、極端に上下動するとも考えにくく、全体の平均倍率は少し緩和する程度にとどまるかもしれません。

市立南、川和、希望ケ丘、横浜国際は定員削減

最も大きく変わるのは**市立南**の募集数です。中高一貫校１期生が高校に内部進学するため、２００人から40人に募集数が削減されます。人気校ですが、わずか１クラスの募集になるので、受験生からは敬遠される可能性が高いと思われます。

そのぶん、**横浜栄**、**松陽**、**市立桜**

丘、**市立金沢**、**市立戸塚**などでは受験生の増加に注意する必要があるでしょう。

２０１４年度は人口増加による臨時募集増加校は33校もありました。このうち、学力向上進学重点校は**横浜翠嵐**、**柏陽**、**光陵**、**川和**、**希望ヶ丘**、**横浜国際**の６校。２０１５年度は**川和**、**希望ヶ丘**、**横浜国際**の３校が募集数を削減し、元に戻します。２０１４年度はいずれも受験者数を増やしましたが、実倍率では**川和**が１・43倍→１・41倍とわずかに緩和し、**希望ヶ丘**（１・21倍→１・22倍）、**横浜国際**（１・16倍→１・30倍）では倍率を上げています。

２０１５年度は定員削減で受験生の減少が予想されますが、**希望ヶ丘**と**川和**では実倍率や難易度はほぼ同じになる可能性が高いでしょう。**横浜国際**は隔年現象が生じれば緩和する年にあたりますが、最近の国際人気の高さから倍率を下げないかもしれません。

横浜翠嵐、光陵、柏陽は増員ぶんを維持

一方、**横浜翠嵐**、**光陵**、**柏陽**は前年に増員した募集数を維持します。２０１４年度の**横浜翠嵐**は募集数の増加率を上回る受験生を集め、実倍率も１・61倍から１・76倍に上昇しました。２０１５年度はその反動で少し実倍率は下がる可能性があるものの高い難易度に変化はないでしょう。

光陵も募集増にもかかわらず２０１４年度の実倍率は１・11倍から１・42倍に上昇。２０１５年度は実倍率上昇の反動で再び倍率が緩和することも考えられます。

柏陽は２０１４年度に受験生を増やしましたが、実倍率は１・39倍から１・35倍にやや緩和しました。２０１５年度の定員維持は受験生増につながるかもしれません。

19校が募集数を削減する一方、地域の人口の増減に対応して募集数を増やす高校も11校あり、**追浜**と**鎌倉**の進学重点校２校が含まれています。両校とも受験生を増やす可能性は高いですが、２０１４年の**横浜翠嵐**のように実倍率が大きく上昇するとは考えにくいでしょう。

横浜翠嵐に並ぶトップ校の**湘南**は１・57倍から１・45倍に実倍率は下がったものの難度は高いままでした。２０１５年度も厳しい入試が続くと思われます。

重点校ではありませんが、**市立横浜サイエンスフロンティア**、**横浜平沼**も安定した人気で注意が必要です。１・36倍から１・12倍に実倍率を下げた**横浜平沼**が反動で受験生を増やす可能性は高く、定員削減の**市立南**の受験層の一部まで集めるかもしれません。

公立入試日の変更で私立の入試にも変化が

公立の入試日程が２月14日から16日に移行し、入試初日の学力検査がこれまでの金曜から月曜に変わります。

神奈川・東京の私立高校一般入試は毎年２月10日から開始されます。制度変更後の神奈川県公立入試は初年度が２月15日に実施され、２０１４年度は曜日の関係で２月14日に早まっていました。公立希望者が「すべり止め校」として私立高校を受験する場合、公立入試前日の13日までに合格を確保しなければならず、日程が限定されていました。私立高校にとっては併願者向けの入試機会が減るため、書類選考導入校が急増した経緯があります。

日程が少し先送りされた結果、私立を受験できる一般入試日程は広がりました。

しかし、２次試験の日程が公立と重なる**慶應義塾**が入試日を早め、**桐蔭学園**が書類選考を導入するなど、一部の私立入試にも影響を与えています。公立を志望するなら、県内私立高校で急増する書類選考も視野に入れながら、私立併願校の合格を確保したうえで臨みたいところです。

[表]2015年度 神奈川県公立高校 募集数変更校

○**減員校**（カッコ内の数値は2014年度結果倍率）

10クラス→9クラス	菅(1.03)
9クラス→8クラス	川和(1.41)、希望ヶ丘(1.22)、元石川(1.29)、保土ケ谷(1.20)、上矢部(1.07)、川崎北(1.08)
8クラス→7クラス	永谷(1.06)、麻生(1.00)、伊志田(1.07)
7クラス→6クラス	二宮(1.07)、伊勢原(1.06)、金沢総合(1.09)、大師(総合)(1.17)、麻生総合(1.08)、座間総合(1.04)
6クラス→5クラス	横浜国際(国際情報)(1.30)
3クラス→2クラス	神奈川総合(国際文化)(1.18)
5クラス→1クラス	市立南(1.15)

○**増員校**

9クラス→10クラス	鶴嶺(1.09)
8クラス→9クラス	磯子(1.13)
7クラス→8クラス	港北(1.21)、城郷(1.18)、鎌倉(1.27)、横浜桜陽(1.13)
6クラス→7クラス	横浜南陵(1.21)、横浜立野(1.15)、追浜(1.38)、厚木清南(1.12)、鶴見総合(1.37)

高校入試の
基礎知識

入学願書で進学希望を意思表示する

3年生は、まもなく「入学願書」を書かなければなりません。今回は、その安心のために「入学願書」の書き方についてお話しします。願書の提出前には、このページを参考にしながら最終チェックをしましょう。各都県、公立、私立の違いによって書類名称も異なりますので、それぞれの実情に合わせて読んでください。

高校の入学願書は受験生本人が書く

高校受験での「入学願書」は、基本的に受験生本人が書きます。ただ、保護者氏名の署名欄などは保護者が記してもかまいません。

「受験生本人自署のこと」「受験生本人が記入すること」などの注意書きがある願書は、必ず本人がすべてを記入します。

このほか「健康調査書」など保護者が記入すべきものもあります。

願書記入欄のうち「志望動機」や「本校を志望した理由」などは必ず本人が書く必要があります。

面接がある学校では、面接官が願書を見ながら質問をします。自分で記入しておかないと、書いておいたことと答えが合わなくなることがあります。「自己PRカード」や「自己推薦書」も同じことがいえます。

また、面接がない学校の場合は、願書の「志望動機欄」が唯一の意思表示の場です。「この学校に入りたいのです」という気持ちを願書でしっかり伝えましょう。

書き終わったら必ず「見直し」まず捺印欄をチェック

書き終わった入学願書のチェック時には、捺印《なついん》の漏れがないかを、まず一番にチェックします。このミスが最も多いからです。

また、記入欄のずれがないかも確認します。生年月日、中学校の卒業見込み年度などの数字も間違いやすいポイントです。学校によって元号で記す場合と西暦で記入する場合があります。

ふりがなについては、「ふりがな」とあるときはひらがなで、「フリガナ」とあるときにはカタカナで記入するのが常識ですが、これを間違えたからといって願書が受けつけられなかった、ということはありません。

私立高校の場合は、複数の試験日程のうち、自分が受験する日に○印をする場合がほとんどです。受験日が間違っていないか確認します。

「緊急連絡先」の欄は、受験時のトラブル対処のためもありますが、合格発表時に補欠であったとき、「繰り上げ合格連絡」に使われますので、すぐに連絡が取れる電話番号を書き込みます。携帯電話は受験生本人ではなく保護者の携帯番号の方がよ

く、この場合、父、母、また、持ち主の氏名を書いておきましょう。

最近は複写式の願書や提出書類もあります。必要なページにそれぞれ複写されているかを確認します。厚紙をはさむ場所を間違え、書き込んだはずの文字がすべて写っていなかったり、ページが折れていて、複写に失敗することもあります。

顔写真は、眼鏡など受験時のスタイルで撮影し、指定された大きさにして貼ります。写真の裏には氏名を書いておけば、万一、はがれてしまったときにも安心です。

最後に、入試要項や「入学願書記入上の注意」を読み直して再確認します。

さて、記入ミスが見つかった場合はどうするかというと、最もよいのは、もう1通願書を用意しておいて、ミスした1枚全部を書き直すことです。それが難しければ、間違えたところを線2本で消し、そのうえに正しい記述をしたあと印鑑を押します。訂正印（訂正用の小さな印鑑）があればベターです。注意書きに「訂正する場合…」と示してあるときはそれに従います。

記入し終わったら、提出のための封入です。一度に複数校の願書を記入した場合、他校の封筒に誤って封入することがありますので、1校ずつ、記入→封入までを行うようにします。

願書提出時も要注意 提出期間は定められている

願書提出には窓口持参と郵送とがあります。郵送のみという学校も多くなりました。提出期間は定められています。必着日を確認しましょう。

窓口持参の場合も、同じ日に2校をまわる場合、他校の書類を窓口に並べてしまう失礼のないようにしましょう。

窓口持参の場合、願書記入時と同じペンと、捺印で使用した印鑑を持っていくことをおすすめします。受付で記入漏れの指摘を受けた場合に、その場で修正できるからです。

前述した捺印漏れも意外に多い落とし穴ですので、印鑑も持って行きましょう。

郵送の場合には、締切ぎりぎりの投函は避けましょう。窓口持参の場合は、土日に受付があるか、また、受付時間帯も調べておきましょう。とくに最終日は要チェックです。

提出する封筒には予め「○○高等学校入学願書受付係　行」などと印刷してあります。この「行」は2本の斜め線で消して「御中」に直しましょう。「学校長殿」の場合はそのままにします。

また、受験票返送用封筒の自分の名前を書く欄には「　　様」と印刷されていますが、この「様」は消す必要はありません。

返送されてきた受験票は、透明ファイルなどで学校別に分けて保管します。入試当日に他校の受験票を持っていくなどのアクシデントが起きないように注意しましょう。

面接の材料となる 「自己推薦書」はどう書くか

「自己推薦書」や「自己PRカード」も受験生本人が書きます。

東京都立高校の「自己PRカード」は、受験前の提出は面接がある学校だけとなりましたので（点数化せず面接資料となる）少し負担は減りました。神奈川の公立高校では今回から「面接シート」の提出が必要です。千葉の公立高校の一部が提出を求めている志願理由書には「自己アピール記載欄」があります。私立高校などでは自己推薦の書類を提出する学校も多くあります。

自己推薦書を書く際には、その学校の「望んでいる生徒像」等が各校ホームページに掲載されていますので、一読しておく必要があります。

そして、書き方の基本は、「自分の言葉」で表現するということです。

受験ガイドブックなどに掲載されている自己推薦書の例をそのまま書き写したものではなく、自分の言葉で書きましょう。

高校の入試担当の先生は、多くの自己推薦書を読むわけですから、例文丸写しや語句を変更しただけの文面には、すぐに気がつきます。志望意欲に疑問符をつけられないとも限りません。

東京都立や神奈川公立の面接では、自己PRカードや面接シートが面接資料とされます。それをもとに、受験生の真意を尋ねるわけですから、自分の言葉で書いていないと、しどろもどろになってしまうでしょう。

本当に自分を推薦できるところはどこなのか、しっかりと考えて書きましょう。

わからなければ、家族や友だち、塾の先生に「私のいいところってどこ」と気軽に相談してみます。客観的な見方で答えてもらえば、書くためのヒントをつかむことができるでしょう。

11月号の答えと解説

問題　ことわざ穴埋めパズル

例のように、空欄にリストの漢字を当てはめて、下の①～⑧のことわざを完成させましょう。リストに最後まで使われずに残った漢字を使ってできるもう１つのことわざを作ってください。できたことわざと反対の意味を持つことわざは、次の３つのうちどれでしょう。

ア　七転び八起き　　**イ**　弘法にも筆の誤り　　**ウ**　好きこそ物の上手なれ

【例】□を□らわば□まで → 毒を食らわば皿まで

①　□□□は□

②　□□を□いて□る

③　□□にも□□

④　□□から□□

⑤　□ばぬ□の□

⑥　□□の□□□

⑦　□は□ほどに□を□う

⑧　□□□ぎれば□さを□れる

【リスト】

闇	衣	医	一	横	下	過	階
橋	元	言	薬	口	喉	好	皿
子	者	手	杖	食	寸	生	石
先	先	装	叩	転	渡	毒	二
熱	馬	不	物	忘	目	目	養

解答　ウ

解説

問題の①～⑧のことわざを完成させると下のようになり、残った漢字でできることわざは「**下手の横好き**」になります。これは、「下手なくせに、そのことがひどく好きであること」をいいますから、ウの「好きこそ物の上手なれ」とは、正反対の意味になります。

「**好きこそ物の上手なれ**」は、「なにごとも好きだと熱心にやるので、上達も速くなる」という意味で、上手になるためには、好きであることが一番の条件だということですね。

問題の①～⑧のことわざとその意味は、次の通りです。

①**一寸先は闇**…ほんの少し先のことでも、未来のことはまったく予測ができないこと。

②**石橋を叩いて渡る**…非常に用心深く行動することのたとえ。

③**馬子《まご》にも衣装**…どんな人間でも外面を飾れば立派に見えること（馬子は、馬をひいて人や荷物を運ぶ職業の人のこと）。

④**二階から目薬**…思うようにならず、もどかしいこと。また、回り遠くて効果のおぼつかないこと。

⑤**転ばぬ先の杖**…失敗しないように、前もって用心することが大切であるという意味。

⑥**医者の不養生**…他人にはすすめながら、自分では実行しないことのたとえ。

⑦**目は口ほどに物を言う**…感情のこもった目つきは、口で話すのと同じくらい相手に気持ちが伝わるということ。

⑧**喉元過ぎれば熱さを忘れる**…つらいことや苦しいことも、そのときが過ぎると、すっかり忘れてしまうことのたとえ。

中学生のための

学習パズル

今月号の問題

論理パズル（着順予想）

ア～エの４人は、A～Gの７人が行うマラソン競争の着順を下の表のように予想しました。

マラソン競争が終わって７人の順位が決まった結果、**ア～ウ**の３人が順位を当てた人数は、表の右端に示されているように、それぞれ５人、４人、４人でした。

このとき、**エ**が順位を当てた人数は何人でしょうか。

予想順位 / 予想者	1	2	3	4	5	6	7	順位を当てた人数
ア	E	B	G	C	A	F	D	5
イ	C	A	G	E	F	B	D	4
ウ	D	B	C	E	A	F	G	4
エ	C	F	E	G	A	D	B	**?**

11月号学習パズル当選者

全正解者64名

松井　隆さん（神奈川県相模原市・中２）
高橋　由希さん（東京都練馬区・中２）
広野　唯介さん（千葉県船橋市・中１）

応募方法

●必須記入事項

01　クイズの答え
02　住所
03　氏名（フリガナ）
04　学年
05　年齢
06　右のアンケート解答
展覧会（詳細は73ページ）の招待券をご希望の方は、「○○（展覧会の名前）招待券希望」と明記してください。

◎すべての項目にお答えのうえ、ご応募ください。
◎ハガキ・ＦＡＸ・e-mailのいずれかでご応募ください。
◎正解者のなかから抽選で３名の方に図書カードをプレゼントいたします。
◎当選者の発表は本誌2015年３月号誌上の予定です。

●下記のアンケートにお答えください。

A今月号でおもしろかった記事とその理由
B今後、特集してほしい企画
C今後、取り上げてほしい高校など
Dその他、本誌をお読みになっての感想

◆2015年1月15日（当日消印有効）

◆あて先

〒101-0047　東京都千代田区内神田2-4-2
グローバル教育出版　サクセス編集室
FAX：03-5939-6014
e-mail:success15@g-ap.com

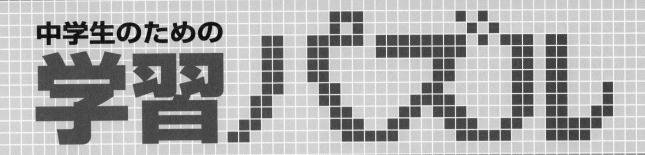

安《やす》田《だ》学《がく》園《えん》高等学校

問題

下の図は，１辺の長さが６cmの立方体の各面の対角線の交点を頂点とし，隣り合った面どうしの頂点を結び，立方体の中に正八面体をつくったものです。

また，正八面体の頂点を下の図のようにA，B，C，D，E，Fとします。

このとき，次の各問に答えなさい。（一部省略）

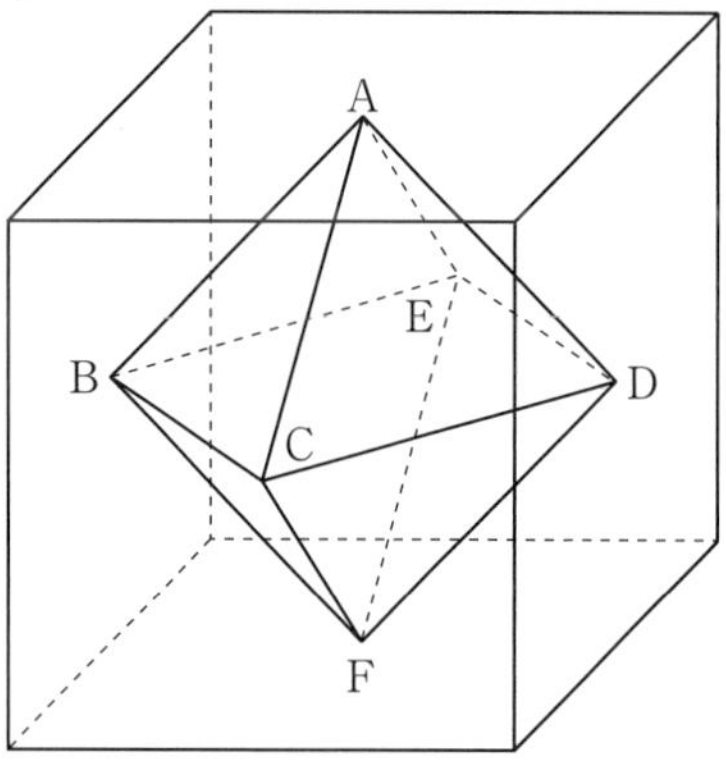

(1) 四角形ABFDはどのような四角形か答えなさい。

(2) 正八面体ABCDEFの１辺の長さを求めなさい。

(3) 立方体と正八面体ABCDEFの体積の比を最も簡単な整数比で答えなさい。

解答 (1) 正方形　(2) $3\sqrt{2}$cm　(3) 6：1

東京都墨田区横網2-2-25
都営大江戸線「両国駅」徒歩３分、JR総武線「両国駅」徒歩６分、都営浅草線「蔵前駅」徒歩10分
03-3624-2666
http://www.yasuda.ed.jp/

入試日程

推薦入試　１月22日（木）
一般入試　２月10日（火）
S特特待入試　２月11日（水祝）

麗《れい》澤《たく》高等学校

問題

各組の文がほぼ同じ意味を表すように、（　）に適切な１語を入れなさい。

1. What's your plan for this coming Saturday?
   What are you（ ① ）（ ② ）do this coming Saturday?

2. （ ③ ）you read this book three times, you will understand it.
   Read this book three times,（ ④ ）you will understand it.

3. We can see Bay Bridge from here.
   Bay Bridge can（ ⑤ ）（ ⑥ ）from here.

4. I can't go to the concert with you tonight.
   It is（ ⑦ ）（ ⑧ ）me to go to the concert with you tonight.

5. When Miho went out of the room, she didn't say good bye to Bob.
   Miho went out of the room（ ⑨ ）（ ⑩ ）good bye to Bob.

解答 ①going ②to ③If ④and ⑤be ⑥seen ⑦impossible ⑧for ⑨without ⑩saying

千葉県柏市光ヶ丘2-1-1
JR常磐線「南柏駅」バス
04-7173-3700
http://www.hs.reitaku.jp/

ミニ入試説明会　※要予約

１月10日（土）午前中の指定時間
※説明会終了後、寮見学・寮の説明会（約60分）、施設見学（約30分）、個別説明あり

入試日程

第１回　１月17日（土）
第２回　１月18日（日）

日本《に》本《ほん》大《だい》学《がく》鶴《つる》ヶ《が》丘《おか》高等学校

問題

次の【1】，【2】の一つ一つには，それぞれ０～９までの一つの数字が当てはまる。それらの数字を答えなさい。（一部改題）

図のように，AD//BC，AB＝DC，AD＝a，BC＝b（a＜b）の等脚台形ABCDに円Oが内接している。aとbはともに１けたの整数で台形の面積Sも整数のとき，Sが最大になる（a，b）の値は（【1】，【2】）である。

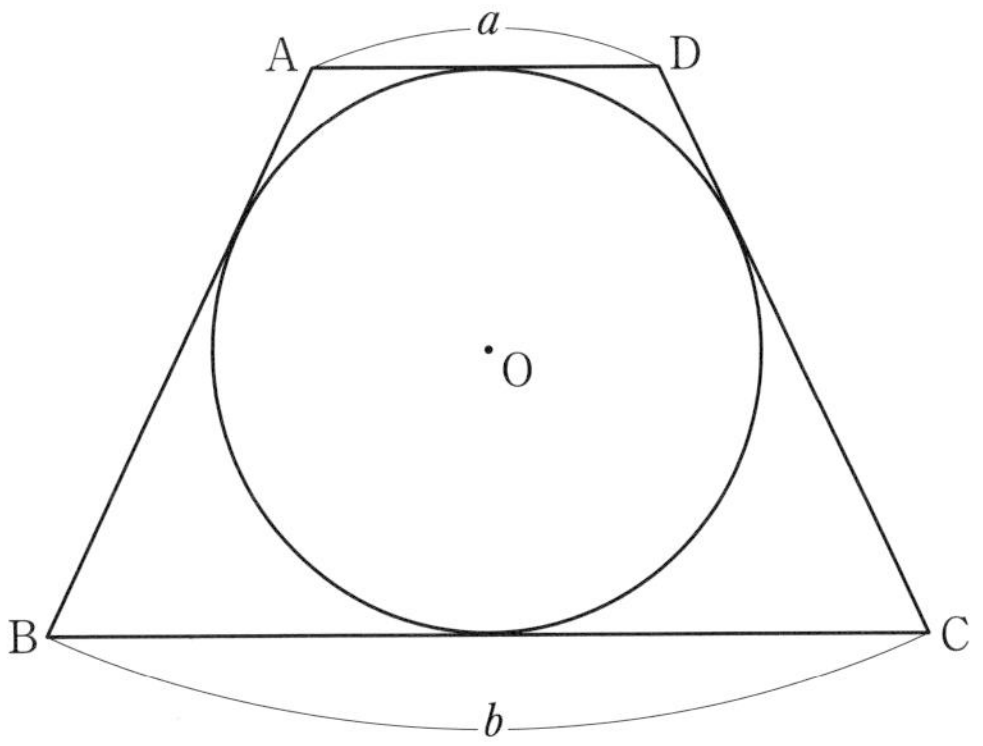

解答 【1】４ 【2】９

- 東京都杉並区和泉2-26-12
- 京王線・京王井の頭線「明大前駅」徒歩８分
- 03-3322-7521
- http://www.tsurugaoka.hs.nihon-u.ac.jp/

入試日程

推薦Ⅰ　１月22日（木）
推薦Ⅱ　１月22日（木）
一般　２月10日（火）

明《めい》法《ほう》高等学校

問題

下の図のように，２つの放物線$y=ax^2$（$a>0$），$y=-\frac{1}{2}x^2$があり，傾き１の直線ℓが放物線$y=ax^2$と２点A，Bで交わっている．

点Aの座標を（6，9）とするとき，次の問に答えよ．

(1)　aの値を求めよ．

(2)　点Bの座標を求めよ．

(3)　線分AOの延長と放物線$y=-\frac{1}{2}x^2$の交点をPとする．点Pの座標を求めよ．

(4)　△ABPの面積を求めよ．

(5)　放物線$y=ax^2$上に，x座標が６より大きい点Qをとる．四角形QBPAの面積が66となるとき，点Qの座標を求めよ．

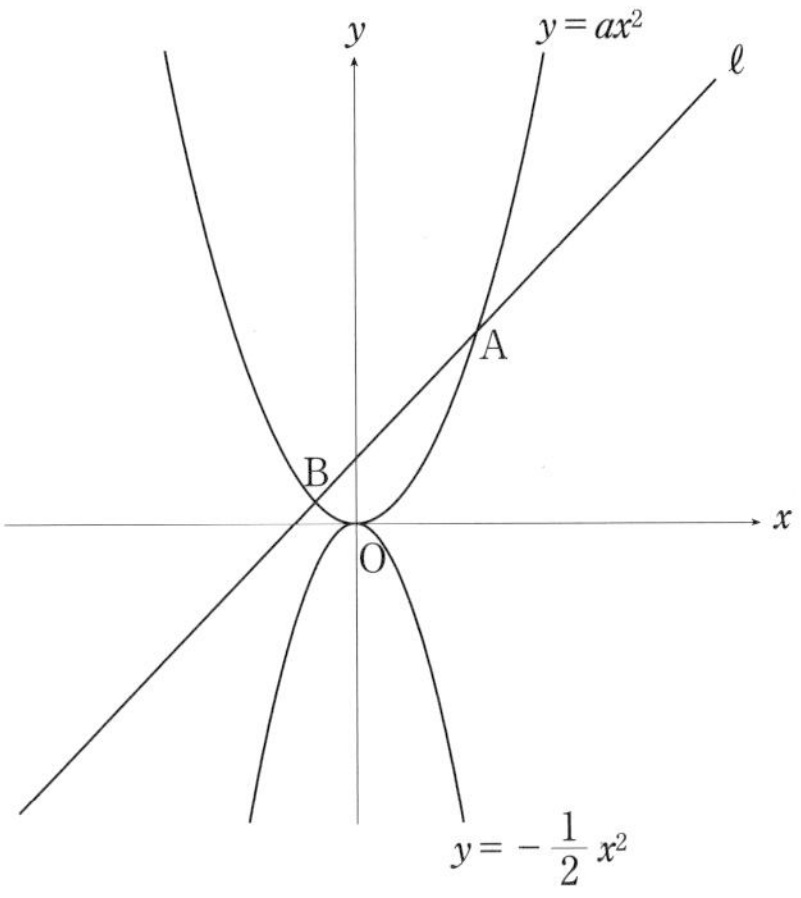

解答 (1) $\frac{1}{4}$　(2) B（−2，1）　(3) P（−3，$-\frac{9}{2}$）　(4) 18　(5) Q（10，25）

- 東京都東村山市富士見町2-4-12
- 西武国分寺線・拝島線「小川駅」徒歩18分、西武新宿線「久米川駅」・西武拝島線「東大和市駅」・JR線・多摩都市モノレール「立川駅」バス
- 042-393-5611
- http://www.meiho.ed.jp/

個別受験相談会　要電話予約

12月20日（土）　10：30

入試日程

推薦入試　１月22日（木）
一般入試
第１回　２月10日（火）
第２回　２月11日（水祝）
帰国生入試　２月10日（火）
２月11日（水祝）

お便りコーナー
サクセス広場

入試への意気込み

文化祭が有名な志望校に合格して、**クラス演劇で主演**をする！　そしてみんなの視線を独り占めするぞ！
（中３・主演希望さん）

神社におまいりに行っておみくじをひいたら**大吉**でした♪　これで受験もばっちりだとテンションがあがりました！
（中３・ミコさん）

絶対絶対先輩の通っている高校へ合格してみせます！　そして、**告白**するんです！
（中３・Y.O.さん）

中学に入学したときから第１志望は変えていません！　入試が近づいて不安にもなるけど、毎日**高校生になった自分を想像して**モチベーションをあげています。
（中３・K.R.さん）

やるっきゃない！　そのために大好きな**ゲームも封印**したんだから！
（中３・気合100連発さん）

ちょっと最近受験勉強に疲れてきたけど、**親友と同じ学校**に入るためにも頑張ります。
（中３・トモダチダイスキさん）

甘党、辛党、どっち？

甘党。お小遣いで全国の**有名和菓子**をお取り寄せするのが趣味。
（中３・誰にもあげないさん）

辛党です。冬こそ汗をかくほど辛い**鍋**や**カレー**を食べるのがいい！
（中２・辛ラーメンマンさん）

ケーキ、**どら焼き**、**チョコレート**、**大福**…。甘いもののことを考えるだけでよだれが出てくるくらい甘党です。
（中１・お菓子の国さん）

辛党かな？　でも、辛ーいものを食べると、次は甘ーいものが食べたくなって、食欲が止まりません！
（中１・食欲全開さん）

甘いものが大好きです。**ケーキバイキング**でもりもり食べていたら、友だちがひいてました…。
（中１・夢はケーキ屋さん）

辛党です。まだお酒は飲めないのに、**塩辛いおつまみ**が大好きなんです。「おつまみ」の文字を目にするとたまりません。
（中２・鮭とばさん）

年越しの過ごし方

母手作りの年越しそばを食べます。今年は私もお手伝いしようかなって思ってます。
（中１・そばーぬさん）

家族で**映画のDVD**を見ながら過ごします。どの映画を見るかはいつも30日に家族会議で決めます。
（中２・今年はなに見ようさん）

今年は**年が明けるまで勉強**して、年が明けたらすぐに近くの神社に友だちと初詣に行きます。
（中３・勉強の虫さん）

やっぱり**紅白歌合戦**でしょ。最初から最後まで全部見るのが恒例。
（中２・サブちゃんさん）

大晦日に**夜更かし**するのが毎年の楽しみ！　朝まで起きていたいのに、結局いつも寝ちゃうから、今年は最高記録の午前２時より長く起きていたい！
（中２・ナイトさん）

１年間頑張って貯めた**貯金箱の中身**を数えるのが、私の密かな楽しみです。
（中２・お小遣いアップ希望さん）

必須記入事項

A／テーマ、その理由　**B**／住所　**C**／氏名
D／学年　**E**／ご意見、ご感想など

ハガキ、FAX、メールを下記までどしどしお寄せください！
住所・氏名は正しく書いてください!!
ペンネームは氏名のうしろに（ ）で書いてネ！
【例】サク山太郎（サクちゃん）

あて先

〒101-0047　東京都千代田区内神田2-4-2
グローバル教育出版　サクセス編集室
FAX:03-5939-6014
e-mail:success15@g-ap.com

募集中のテーマ

「卒業までにやりたいこと」
「動物に生まれ変わるなら？」
「言われて嬉しかった言葉」

応募〆切 2015年1月15日

ここにメールしてね!!

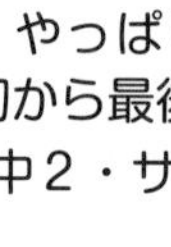

ケータイ・スマホから上のQRコードを読み取り、メールすることもできます。

掲載された方には抽選で図書カードをお届けします！

掲載にあたり一部文章を整理することもございます。個人情報については、図書カードのお届けにのみ使用し、その他の目的では使用いたしません。

Art

ホイッスラー展

12月6日(土)~3月1日(日)
横浜美術館

《白のシンフォニーNo.3》1865-67年 バーバー美術館(バーミンガム大学附属)The Barber Institute of Fine Arts, University of Birmingham

「ホイッスラー展」の招待券を5組10名様にプレゼントします。応募方法は69ページを参照。

国内過去最大規模 ホイッスラーの回顧展

年末年始の慌ただしさから離れ、芸術を楽しみたい方におすすめ。横浜美術館で開催中の、ジャポニスムの巨匠ホイッスラーの全貌を紹介する本展では、油彩・水彩・版画作品など約130点を展示。美の規範を西洋の古典と日本美術に求めたホイッスラーの作品を「人物画」「風景画」「ジャポニスム」の３章構成で堪能できる。澄みわたる冬の空気にぴったりの静謐《せいひつ》な美しさを感じてほしい。

Exhibition

特別展 探検! 体験! 江戸東京

12月2日(火)~3月8日(日)
江戸東京博物館

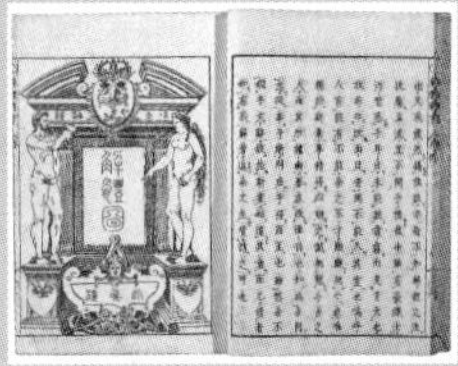

『解体新書』(かいたいしんしょ)杉田玄白/著1774年(安永3)東京都江戸東京博物館

「江戸東京展」の招待券を5組10名様にプレゼントします。応募方法は69ページを参照。

昔の東京に タイムスリップ!

江戸と東京の歴史や文化を紹介している江戸東京博物館では、３月28日のリニューアルオープンに向けて準備を進めている最中だ。「その間は常設展もお休みかな?」と思いきや、じつは常設展示の内容を厳選してまとめた期間限定の特別展を開催している。教科書に載っているような有名な資料も多く、また、普段はあまり展示されない珍しい資料も登場する。特別展を見て、楽しみながら学んでほしい。

Event

東京スカイアクアリウム クラゲ万華鏡トンネル

11月22日(土)~1月12日(月祝)
すみだ水族館

クラゲと楽しむ 幻想的な浮遊体験

すみだ水族館では、冬の季節を彩る新たな展示が開催中だ。壁や天井に5,000枚の鏡を敷き詰めた全長50mのスロープに、８つのクラゲ水槽を設置した「クラゲ万華鏡トンネル」。ゆらゆらただようクラゲの動きと姿が鏡に映り、まるで万華鏡のなかを歩いているような幻想的な浮遊体験ができる美しい展示だ。同じく期間限定の大水槽に投影されるプロジェクションマッピングとあわせて楽しみたい。

サクセス イベントスケジュール

12月~1月

世間で注目のイベントを紹介

クリスマスツリー

キラキラした飾りやイルミネーションが美しく、キリスト教徒の少ない日本でも季節的な装飾としておなじみのクリスマスツリー。家に飾って楽しむ家庭も多いよね。ツリーはキリスト教の「知恵の木」の象徴であり、よく見る定番の丸い形のオーナメントはアダムとイブが食べた「禁断の果実」を表しているんだ。

Exhibition

宝塚歌劇100年展 夢、かがやきつづけて

12月16日(火)~12月28日(日)
東京国際フォーラム

© 宝塚歌劇団

夢と感動にあふれた 宝塚歌劇の華麗な世界

女性だけで構成される歌劇団として日本の演劇史上に輝かしい軌跡を刻み、多くの人々に夢と感動を与え続けている宝塚歌劇団。その100周年を記念した特別展が国際フォーラムで開催される。貴重な展示資料からこれまでの歴史を紹介するコーナーや、タカラジェンヌ(劇団員の愛称)によるメッセージ、階段セットや豪華なステージ衣装の展示など、華やかで美しい宝塚歌劇団の華麗な世界を楽しめる。

Event

Art Rink in 横浜赤レンガ倉庫「Narrative」

12月6日(土)~2月22日(日)
横浜赤レンガ倉庫

FILM HOUSE AMANO STUDIO

アートを楽しめる スケートリンク

冬の間だけ横浜赤レンガ倉庫に登場する屋外スケートリンクは、アートもいっしょに楽しめる魅力的なレジャースポットだ。今年で10回目を迎える「アートリンク」は、毎回違ったアーティストにより、スケートリンク全体をキャンバスにして幻想的な空間が演出される。今年のテーマは皆川俊平さんによる「Narrative」。「物語」を意味するこのテーマが氷上でどんな風に表現されるのか楽しみだね。

Art

キャプテン・クック探検航海と『バンクス花譜集』展

12月23日(火祝)~3月1日(日)
Bunkamuraザ・ミュージアム

《クリアントゥス・プニケウス》『バンクス花譜集』より(ニュージーランド)エングレーヴィング Bunkamuraザ・ミュージアム収蔵 © Alecto Historical Editions Ltd / The Trustees of the Natural History Museum, London

「バンクス花譜集展」の招待券を5組10名様にプレゼントします。応募方法は69ページを参照。

探検航海のドラマと 美しい植物の銅版画

18世紀に３回の太平洋航海に出発し、多くの功績を残したキャプテン・クック。その第１回目の航海に同行し、植物の採集を行ったジョゼフ・バンクスが出版すべく準備していた銅版を用いて刷られた「バンクス花譜集」より、植物を描いた銅版画を中心に、クックの関連資料や太平洋地域の民族資料が展示される。子細に描かれた植物画の美しさとともに、未知なる領域へ挑んだ冒険の歴史に思いを馳せてみよう。

Success15 Back Number

2014 12月号

いまから知ろう！首都圏難関私立大学

スキマ時間の使い方

SCHOOL EXPRESS
明治大学付属明治

Focus on
埼玉県立川越

2014 11月号

過去問演習 5つのポイント

本気で使える文房具

SCHOOL EXPRESS
立教新座

Focus on
神奈川県立柏陽

2014 10月号

大学生の先輩に聞く 2学期から伸びる勉強のコツ

「ディベート」の魅力とは

SCHOOL EXPRESS
筑波大学附属駒場

Focus on
千葉県立薬園台

2014 9月号

こんなに楽しい！高校の体育祭・文化祭

英語でことわざ

SCHOOL EXPRESS
渋谷教育学園幕張

Focus on
東京都立国分寺

2014 8月号

2014年 夏休み徹底活用術

夏バテしない身体作り

SCHOOL EXPRESS
市川

Focus on
埼玉県立川越女子

2014 7月号

イチから考える 志望校の選び方

日本全国なんでもベスト3

SCHOOL EXPRESS
筑波大学附属

Focus on
東京都立三田

2014 6月号

難関国立・私立校の入試問題分析2014

快眠のススメ

SCHOOL EXPRESS
豊島岡女子学園

Focus on
埼玉県立春日部

2014 5月号

先輩に聞く!! 難関校合格への軌跡

高校図書館&オススメ本

SCHOOL EXPRESS
お茶の水女子大学附属

Focus on
神奈川県立厚木

2014 4月号

勉強も部活動も頑張りたいキミに 両立のコツ、教えます

水族館・動物園などのガイドツアー

SCHOOL EXPRESS
慶應義塾

Focus on
東京都立駒場

2014 3月号

どんなことをしているの？ 高校生の個人研究・卒業論文

理系知識を活かしたコンテスト

SCHOOL EXPRESS
東京学芸大学附属

Focus on
千葉県立船橋

2014 2月号

勉強から不安解消まで 先輩たちの受験直前体験談

合格祈願グッズ

SCHOOL EXPRESS
開成

Focus on
千葉県立千葉

2014 1月号

冬休みの勉強法 和田式ケアレスミス撃退法

直前期の健康維持法

SCHOOL EXPRESS
早稲田大学本庄高等学院

Focus on
埼玉県立大宮

2013 12月号

東京大学ってこんなところ 東大のいろは

「ゆる体操」でリラックス

SCHOOL EXPRESS
早稲田大学高等学院

Focus on
埼玉県立浦和第一女子

2013 11月号

教えて大学博士！ なりたい職業から学部を考える

学校カフェテリアへようこそ

SCHOOL EXPRESS
慶應義塾志木

Focus on
千葉県立東葛飾

2013 10月号

模試を有効活用して 合格を勝ち取る！

中1・中2 英・国・数

SCHOOL EXPRESS
桐朋

Focus on
神奈川県立川和

2013 9月号

SSHの魅力に迫る！

東京歴史探訪

SCHOOL EXPRESS
法政大学第二

Focus on
東京都立立川

2013 8月号

現役高校生に聞いた！ 中3の夏休みの過ごし方

自由研究のススメ

SCHOOL EXPRESS
中央大学附属

Focus on
埼玉県立浦和

これより前のバックナンバーはホームページでご覧いただけます（http://success.waseda-ac.net/）

サクセス15 バックナンバー 好評発売中！

How to order バックナンバーのお求めは

バックナンバーのご注文は電話・FAX・ホームページにてお受けしております。詳しくは80ページの「information」をご覧ください。

＜コーナー名＞

＜本文中記事＞

“個別指導”だからできること × “早稲アカ”だからできること

- 難関校にも対応できる
- 弱点科目を集中的に学習できる
- 最終授業が20時から受けられる
- 早稲アカのカリキュラムで学習できる

広がる早稲田アカデミー個別指導ネットワーク

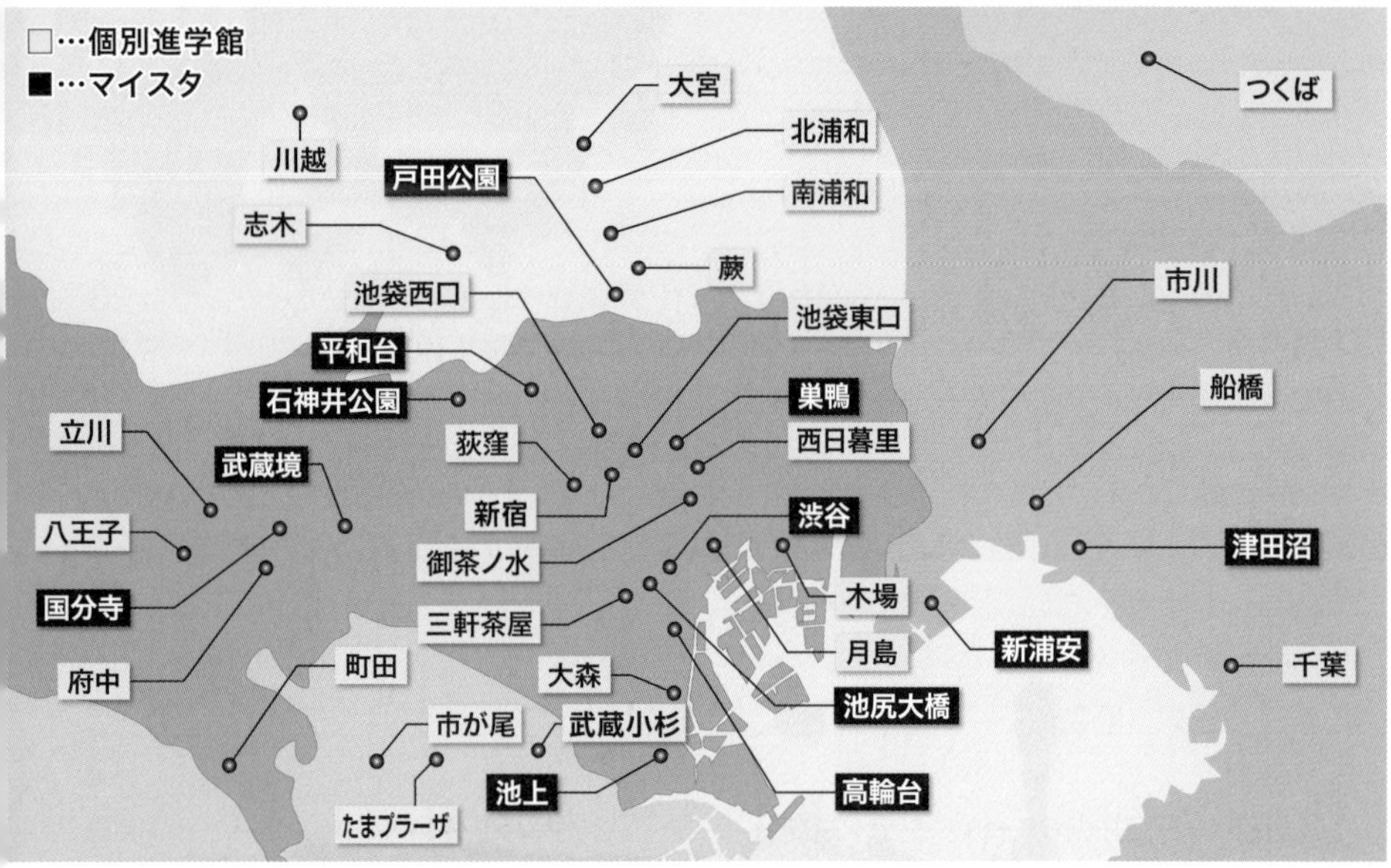

マイスタは2001年に池尻大橋教室・戸田公園教室の2校でスタートし、個別進学館は2010年の志木校の1校でスタートした、早稲田アカデミーの個別指導ブランドです。お子様の状況に応じて受講時間・受講科目が選べます。また、早稲田アカデミーの個別指導なので、集団授業と同内容を個別指導で受講することができます。マイスタは1授業80分で1:1または1:2の指導形式です。個別進学館は1授業90分で指導形式は1:2となっています。カリキュラムなどはお子様の学習状況、志望校などにより異なってきます。お気軽にお近くの教室・校舎にお問い合わせください。

中1

悩んでいます…

本格的な部活動に取り組んでいて、近くの早稲アカに通いたいのにどうしても曜日が合いません。

解決します!

週1日からでも、英語・数学を中心に、早稲アカのカリキュラムに完全に準拠した形での学習が可能です。早稲アカに通う中1生と同じテストも受験できるので、成績の動向を正確に把握したり、競争意識を高められるのも大きな魅力です。

中2

悩んでいます…

都立高校を志望しています。内申点を上げたいので、定期テスト対策を重点的にやって欲しい。

解決します!

個別指導では学校の教科書に準拠した学習指導も可能です。授業すべてを学校対策にすることもできますし、普段は受験用のカリキュラムで学習をすすめ、テスト前だけは学校の対策という柔軟な対応も可能です。

中3

悩んでいます…

受験直前期、過去問の徹底的なやり直しといわれても、効果的な方法で出来るか心配です。

解決します!

合格のために必ず克服しなければならない問題を個別にピックアップして類題を集中特訓。

質問もその場で対応。早稲田アカデミーの個別指導の対応にご期待下さい。

新規開校 早稲田アカデミー 個別進学館 **新宿校・武蔵小杉校・たまプラーザ校** 新入塾生受付中!

小・中・高 全学年対応／難関受験・個別指導・人材育成

早稲田アカデミー個別進学館

WASEDA ACADEMY KOBETSU SCHOOL

冬期講習 **12/1**(月)▶**1/31**(土)

お問い合わせ・お申し込みは最寄りの個別進学館各校舎までお気軽に!

池袋西口校 03-5992-5901	池袋東口校 03-3971-1611	大森校 03-5746-3377	荻窪校 03-3220-0611	御茶ノ水校 03-3259-8411	木場校 03-6458-5153
三軒茶屋校 03-5779-8678	新宿校 03-3370-2911	立川校 042-548-0788	月島校 03-3531-3860	西日暮里校 03-3802-1101	八王子校 042-642-8867
府中校 042-314-1222	町田校 042-720-4331	市が尾校 045-979-3368	たまプラーザ校 045-901-9101	武蔵小杉校 044-739-3557	大宮校 048-650-7225
川越校 049-277-5143	北浦和校 048-822-6801	志木校 048-485-6520	南浦和校 048-882-5721	蕨 校 048-444-3355	市川校 047-303-3739
千葉校 043-302-5811	船橋校 047-411-1099	つくば校 029-855-2660			

MYSTA

早稲田アカデミー 個別指導マイスタ

冬期講習 **12/19**(金)▶**12/29**(月)・**1/4**(日)▶**1/7**(水)

お問い合わせ・お申し込みは最寄りのMYSTA各教室までお気軽に!

渋谷教室 03-3409-2311	池尻大橋教室 03-3485-8111	高輪台教室 03-3443-4781
池上教室 03-3751-2141	巣鴨教室 03-5394-2911	平和台教室 03-5399-0811
石神井公園教室 03-3997-9011	武蔵境教室 0422-33-6311	国分寺教室 042-328-6711
戸田公園教室 048-432-7651	新浦安教室 047-355-4711	津田沼教室 047-474-5021

～サクセス18のご紹介～

サクセス18は早稲田アカデミーが
創った現役生難関大受験専門塾です。

難関大に現役合格！サクセス18はここが違う!!

サクセス18 ここが違う！

進学塾 早稲アカスタイルの継続

大手予備校にはないキメ細やかさ

サクセス18は開成・慶女・早慶高校合格者数全国No.1（2014年当社調べ）の進学塾早稲田アカデミーの大学受験部門です。「本気でやる子を育てる」という教育理念に基づき、「私語のない緊張感のある授業」「少人数制で発問重視の授業スタイル」「復習型の丁寧な講義」など早稲田アカデミーが創立以来進学実績を伸ばし続けてきたエッセンスを継承しています。更に少人数クラスのライブ授業で競争原理の働く環境を維持しながら、現役高校生に特化したきめ細やかな指導で「普通の学力の生徒」を憧れの難関大学現役合格へと導きます。

	早稲田アカデミー サクセス18	他の塾・予備校
合格率	**高い合格率!難関大合格も夢じゃない!** 東大合格率48%※は一般合格率の約34%と比べて極めて高い数字。また早慶上智大の在籍約1,150名から530名合格も業界内では際立った合格率です。※東大必勝コース受講者の2014年入試結果より	在籍者数を公表していない場合がほとんどで、実際の合格率が不明な塾・予備校が多い。また合格率を公表している場合も極めて限定された母集団のみ公開されており、全体像が見えないことも多い。
1クラスの人数	**ちょうど良い人数だから学力が伸びる!** 先生が生徒の顔・名前・志望校・成績などをしっかり把握でき、楽しく競争できるちょうど良い人数で授業します。（1クラス平均15名程度）	「少人数」と謳いながら実際は50名程度の人数で授業が行われ、少人数制のメリットを活せないようなケースが見受けられる。
授業・講師の特色	**参加型授業!先生にどんどん質問できる!** 発問や演習を織り交ぜる参加型授業で皆さんを授業に引き込みます。また先生と生徒の距離が非常に近いので、わからない点は気兼ねなく質問できます。授業では「わかる」はもちろん「解ける」力を身に付けます。	高校生の場合に授業中の私語はまれだが、居眠りをしている生徒や携帯電話を操作している生徒も特に注意することなく、講師が一方的に予定の講義を進めていく形式が多い。
やる気明るさ	**やる気が出るから学力が伸びる!** 生徒のやる気を引き出すことを重要視しており、各種テストの成績優秀者の掲示、講師からの声掛け、授業内でのコメント等を総合的に活用し、楽しく競いあえる雰囲気を演出し、生徒のやる気を引き出します。また明るいあいさつも特徴です。	やる気を引き出すことを重視し、システムに組み入れている塾はあまり見受けられない。
学習管理と進路指導	**勉強から進路まで担当の先生が面倒を見ます!** 学習管理、進路指導は実際に授業を担当している講師が行う。これによって、一人ひとりの学力特性を把握した、奥の深い学習管理（指示）や進路指導が可能となり、高い合格率を生む一因となっています。	授業担当と進路指導担当が分かれている塾・予備校が多い。従って、生徒一人ひとりの特徴や性格などを進路指導に活かせないことがある。

サクセス18 ここが違う！

高1からはじめれば早慶上智大合格へ！

早稲田アカデミーなら夢がかなう！

やる気を引き出す授業、夢を同じくする仲間と競い合いお互いを高める環境、全スタッフが生徒一人ひとりの個性を理解し、適切な学習法をアドバイスする指導。早稲田アカデミーなら、このシステムがあるから、始めたときには東大や早慶上智大は夢や憧れでしかない学力でも大きく伸びて第一志望に現役合格できるのです。

●2014年度 大学入試合格体験記

東京大学［文科Ⅰ類］合格

早稲田大学［法学部］、明治大学［法学部］

歌代 彩花（国立筑波大学附属高校）

学校生活を楽しみながら

高校１年のはじめからサクセス18に通って、英数国の3科目を受講していました。高校１年生なんて正直受験を意識して勉強なんてできないし、学校の行事や部活を楽しむべきだと思います。しかし、受験に対する高い意識を常に持っていなくとも、サクセス18に通いつづけていたことで毎週の授業時の確認テストの準備などによって、最低限の勉強量を確保することができました。高校２年の終わりまでのこの積み重ねが、私の学力の基礎を作ってくれて、受験期に大きなアドバンテージになったと思います。ただ、後輩に注意したいのは「社会」です。私の学校は社会の進度が遅く、サクセス18でも地理は高３からしかなく、世界史も高２の終わりには中世までしか進んでいなかったのでとても焦りました。なんとか間に合いましたが、その分直前期に英数国の演習量が減ってしまい、不安に感じました。サクセス18の通常授業が始まる前に、社会は自主的に学習をしておくと授業の効果はさらに上がるし、楽だと思います。サクセス18のよい所は、必勝講座等を通じて、同じ目標を持つ仲間と出会えることだと思います。仲間と切磋琢磨できるのは、とても支えになったし、時にはライバルとしても多くの刺激をもらうことができました。とても長い時間をサクセス18で過ごしました。サクセス18の先生方、スタッフの方々、事務の方々、そして同級生のみなさん、３年間本当にありがとうございました。

一橋大学［法学部］合格

慶應義塾大学［経済学部］、早稲田大学［政治経済学部・法学部・国際教養学部］、上智大学［法学部］、中央大学［法学部］、明治大学［政治経済学部］、日本女子大学［人間社会学部］

江本 磨依（私立光塩女子高校）

早稲アカでの思い出

私は中学三年から、４年間、早稲アカに通いました。こうして無事に第一志望の大学に合格することができて、改めて受験生活における早稲アカの支えの大きさに気付かされました。私が思う早稲アカの美点は、第一に精神面でのサポートです。日々の対話や定期的な面談の中でのたくさんの激励があったからこそ、私は最後まで受験勉強を頑張りきることができました。生徒を一人一人を把握した綿密なサポートは少人数制の早稲アカならではだと思います。第二に、明確な努力のすすめです。夏期合宿や必勝合宿、正月特訓など、早稲アカの指導方針は人並み以上の努力を要しますが、こうしたまっすぐな努力の蓄積は確かに結果に繋がります。そして、受験当日などの切迫した状況でこそ、早稲アカとともに歩んできた努力の軌跡は真価を発揮し、受験生を不安から解き放ってくれるはずです。４年前、早稲アカへの通塾という選択をしたからこそ、私は自分の望む結果が出せたのだと確信しています。受験生の皆さんも、早稲アカを信じてまっすぐに努力を続けて輝かしい未来を開いていってください。応援しています。

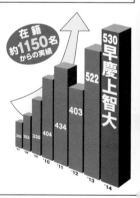

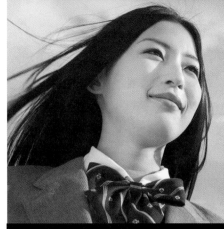

Success15

1月号

編集後記

先月号から始まった「古今文豪列伝」の編集を担当しています。第1回目は夏目漱石、第2回目の今月は森鷗外と、ともに明治・大正期を生きた人物。平成生まれのみなさんからすると、漱石や鷗外の作品は、古めかしくて読みづらいと感じてなかなか手に取らないかもしれませんが、多くの魅力が詰まっていることも確かです。そんな「読まず嫌い」解消のために、この連載で文豪の生き様や人柄を紹介し、文学作品への興味を喚起できればと思っています。また、すでに文学ファンの人は、これからどんな文豪が登場するのか、楽しみにしてください。冬休みの勉強の息抜きに、文豪の小説を読んでみるのも、素敵だと思います。（H）

Next Issue 2月号は…

Special 1

入試直前マニュアル

Special 2

ゆく年来る年 2014・2015年

School Express

昭和学院秀英高等学校

Focus on 公立高校

東京都立青山高等学校

※特集内容および掲載校は変更されることがあります

サクセス編集室お問い合わせ先

TEL 03-5939-7928
FAX 03-5939-6014

高校受験ガイドブック2015[1]サクセス15

発行　2014年12月15日　初版第一刷発行
発行所　株式会社グローバル教育出版
〒101-0047 東京都千代田区内神田2-4-2
TEL　03-3253-5944
FAX　03-3253-5945
http://success.waseda-ac.net
e-mail　success15@g-ap.com
郵便振替　00130-3-779535
編集　サクセス編集室
編集協力　株式会社 早稲田アカデミー

Information

『サクセス15』は全国の書店にてお買い求めいただけますが、万が一、書店店頭に見当たらない場合は、書店にてご注文いただくか、弊社販売部、もしくはホームページ（左記）よりご注文ください。送料弊社負担にてお送りします。定期購読をご希望いただく場合も、上記と同様の方法でご連絡ください。

Opinion, Impression & etc

本誌をお読みになられてのご感想・ご意見・ご提言などがありましたら、ぜひ当編集室までお声をお寄せください。また、「こんな記事が読みたい」というご要望や、「こういうときはどうしたらいいの」といったご質問などもお待ちしております。今後の参考にさせていただきますので、よろしくお願いいたします。